W0275011

SVLTO

Brasilianische Autoren laden ein zu einem literarischen Stadtrundgang durch Rio de Janeiro: Clarice Lispector zeigt, dass man sich in den Gängen und Katakomben unter dem Maracanã-Fußballstadion trefflich verlaufen kann, Aníbal M. Machado heftet sich einer Standartenträgerin beim Karneval an die Fersen, bei Miguel Sanches Neto erhebt sich die berühmte Christus-Statue nicht nur auf dem Corcovado hoch über der Stadt, sondern ziert gleichzeitig den Bauch eines Transvestiten, und Sonia Coutinho beschreibt den Zauber der Copacabana selbst im Angesicht des Todes.
Außerdem: Erzählungen und Gedichte von Luiz Ruffato, João Gilberto Noll, Nélida Piñon, Carlos Drummond de Andrade, Caetano Veloso, Sérgio Sant'Anna und vielen anderen – fast alle in deutscher Erstübersetzung.

RIO de Janeiro

Eine literarische Einladung

Herausgegeben von Marco Thomas Bosshard
und Marcos Machado Nunes

Verlag Klaus Wagenbach Berlin

Inhalt

Vorwort

Im Falle von Rio de Janeiro, der zweitgrößten Stadt Brasiliens, erscheinen die Superlative der Tourismuswerbung weniger übertrieben als anderswo: Zweifellos gibt es nur wenige andere moderne Metropolen auf dieser Welt, die in eine dermaßen erhabene Landschaft eingebettet sind. Ein nicht unbeträchtlicher Teil des Stadtgebiets gehört zu geschützten Nationalparks, in denen die tropische Flora und Fauna die auswärtigen Besucher beeindruckt. Und nicht nur die: Auch die *cariocas*, wie die Einwohner Rios genannt werden, unternehmen – wie schon der erste Text in diesem Band beweist, ein Auszug aus einem Roman von Rodrigo Lacerda – immer wieder Ausflüge in die Naturlandschaften ihrer Stadt, die diese wie eine grüne Schneise durchqueren, beginnend mit dem weltberühmten Zuckerhut in der Bucht von Guanabara und dem Corcovado, dessen Gipfel die nicht minder bekannte Christus-Statue im Art déco-Stil ziert und der sich bereits auf dem Territorium des Nationalparks Tijuca befindet, des sich durch den Südwesten Rios erstreckenden, weltweit größten städtischen Urwalds.

Zu Recht könnte man sich daher die Frage stellen: Was kann Kunst, was die Natur nicht kann? Braucht es bei so viel Erhabenheit überhaupt noch Literatur? Der literarische Stadtrundgang in Form der vorliegenden Anthologie gibt darauf eine eindeutige Antwort: auf jeden Fall! Viele Schauplätze mögen dem Touristen bereits bekannt sein, nicht aber die oft überraschenden Geschichten, die sich vor diesen Szenerien entspinnen, wurden doch alle hier versammelten Texte – von zwei Ausnahmen abgesehen – zum ersten Mal überhaupt ins Deutsche übertragen. Selbstverständlich kommen die bereits genannten touristischen Orte wie die Guanabara-Bucht oder der Zuckerhut (in einem Liedtext von Caetano Veloso) oder auch die Christus-Statue (in einer Erzählung von Miguel Sanches Neto) in dieser Anthologie genauso vor wie Orte nächtlicher Vergnügungen und sportlichen Spektakels, die in den Reiseführern für gewöhnlich auch auftauchen: Während João Antônio einen Türsteher aus dem Nähkästchen plaudern lässt, der sich im Nachtleben von Rio – in Lapa, rund um die Praça Mauá im Zentrum, aber auch in der Zona Sul, wo Copacabana und Ipanema liegen – bestens auskennt, entführt Clarice Lispector den Leser in (oder vielmehr unter) das Maracanã-Stadion, den Austragungsort des Endspiels der Fußballweltmeisterschaften von 1950 und 2014 – und dies obwohl es in ihrer Erzählung keineswegs um Fußball geht.

Daneben gibt es aber auch die etwas abseitigeren Orte, die dem Touristen in der Regel verschlossen bleiben, aber das Wesen der Stadt erst definieren. Gleichsam als Hommage an die wichtigste brasilianische Schriftstellerin des 20. Jahrhunderts lässt Adriana Lunardi ihre jugendliche Protagonistin von der nach Rodrigo de Freitas benannten Lagune im Süden quer durch die Stadt bis zum Friedhof von Caju pilgern, wo Clarice Lispector begraben liegt, und auch bei Cecília Giannetti spielt ein Friedhof eine große Rolle – allerdings einer, der sich auf einer Insel mitten in der Bucht von Guanabara befindet, auf der Ilha do Governador, einem Stadtteil der Arbeiter- und unteren Mittelklasse. Vinicius Jatobá hingegen führt uns in die Zona Norte, den Norden der Stadt, genauer nach Madureira mit seinem quirligen, weit über die Bezirksgrenzen hinaus bekannten Markt, wo auch die Sambaschule Portela beheimatet ist, die den alljährlichen Wettbewerb des Karnevals von Rio schon sehr oft gewonnen hat. Wie die Karnevalstänzerinnen von Madureira – allerdings unter äußerst tragischen Umständen – über die Praça Onze im Stadtzentrum ziehen, lässt sich sodann bei Aníbal M. Machado nachlesen. (Nicht weit von ihr entfernt befindet sich der sogenannte Sambódromo, wo sich die Sambaschulen den Karnevalsjuroren heute vorstellen.)

Damit wären wir im historischen Stadtkern Rios angelangt. Rubem Fonseca hat in *Die Kunst, durch die Straßen von Rio de Janeiro zu gehen* (von der sich die Herausgeber dieser Anthologie gerne haben inspirieren lassen, wenngleich ein Abdruck der sehr langen Erzählung hier leider nicht möglich war) einmal bemerkt: »Das Zentrum ist vielgesichtig und dunkel und alt, das Zentrum hat keinen richtigen Hügel«, von dem aus man es überblicken könnte. »Wer das Zentrum von oben sehen will, was auch dann nur schlecht und nur zum Teil möglich ist, muss zum Morro de Santa Teresa fahren.« Wer den beschwerlichen, aber lohnenden Aufstieg nach Santa Teresa scheut (es gibt dort noch eine alte Straßenbahnlinie, die letzte in Rio), der kann sich mit dem historischen Stadtzentrum Rios alternativ in der Erzählung von Sérgio Sant'Anna vertraut machen – zumal diese in den ersten Jahrzehnten des 20. Jahrhunderts spielt, zu einer Zeit also, als das Zentrum tatsächlich noch Zentrum war, nicht nur der Stadt, sondern ganz Brasiliens (Rio war von 1763–1960 die Hauptstadt des Landes).

Denn bis zum Ende des 19. Jahrhunderts bildete ein Felsmassiv im Stadtteil Botafogo (wo die Jungfrau wohnt, deren Geschichte uns João Gilberto Noll erzählt) eine natürliche Barriere, die die weitere Expansion Rios verhinderte. Doch mit dem Tunnelbau von 1892 begann die Erschließung der sogenannten Zona Sul (»Südzone«) und die Entstehung der Viertel Copacabana, Ipanema und Leblon, die als neue, moderne Zentren entscheidend dazu beigetragen haben, dass Rio de Janeiro fortan immer – und zu Recht – mit unendlich langen Sandstränden in Verbindung gebracht wird. Dementsprechend kommen die Strände der Zona Sul auch in mehreren Texten dieser Anthologie vor: Bei Luiz Ruffato spielt zum Beispiel eine Kokosmilchbude am sogenannten Posto Seis (»Mast Nr. 6«) am Strand von Copacabana eine tragende – und durchaus unheilvolle – Rolle, ebenso wie ein Hund bei Sonia Coutinho, der dort ganz in der Nähe im Sand liegt. Und während Nélida Piñons Protagonisten den Leser durch die angesagten Lokale von Leblon führen, besingt der Dichter Ferreira Gullar – anders als sein Kollege Carlos Drummond de Andrade, der Rio in allgemeiner gehaltenen Tönen lobpreist – die Tangas (beziehungsweise wohl eher gewisse Körperteile ihrer Trägerinnen), die an den Stränden Rio de Janeiros allgegenwärtig sind.

Gewiss weist unsere Auswahl auch Lücken auf, geographische ebenso wie literarische. Nicht etwa, um den Leser zu schonen, haben wir auf Texte über Gewalt und Drogen in den Favelas von Rio verzichtet. Auf Deutsch liegt zu diesem Thema etwa Paulo Lins' Roman *Die Stadt Gottes* vor, der unseres Erachtens in voller Länge gelesen werden sollte, will man die solchen Texten zugrunde liegende gesellschaftliche Problematik jenseits des bloßen literarischen Effekts, der sich in einer verkürzenden

Anthologie allenfalls abbilden ließe, wirklich begreifen. Auf der anderen Seite wird der in brasilianischer Literaturgeschichte bereits etwas kundigere Leser die Rio-Texte und Rio-Chroniken von Klassikern wie Machado de Assis oder João do Rio am Übergang vom 19. zum 20. Jahrhundert ebenso vermissen wie die großen Namen der literarischen Avantgarde der 1920er Jahre, des sogenannten Modernismo. Ihr weitgehendes Fehlen hängt nicht zuletzt damit zusammen, dass das Phänomen der historischen Avantgarde genuin mit São Paulo – und nur marginal mit Rio (unter anderem mit Aníbal M. Machado, den wir sehr wohl in die vorliegende Anthologie aufgenommen haben) – verbunden ist. Andererseits legt das Reihenkonzept der literarischen Einladungen bei Wagenbach seinen Schwerpunkt auf Texte einheimischer Autoren, die seit der zweiten Hälfte des 20. Jahrhunderts entstanden sind. Gerade weil es sich bei dieser Anthologie um die allererste literarische Einladung der Reihe in eine außereuropäische Stadt handelt, war uns daran gelegen, dieses zeitliche Kriterium nicht zu sehr aufzuweichen. Die hier unter den genannten Gesichtspunkten versammelten – und übrigens von professionellen Literaturübersetzern gemeinsam mit Studierenden der Ruhr-Universität Bochum ins Deutsche übertragenen – Texte werden das Interesse des europäischen Lesers sowohl an der Stadt als auch an ihrer Literatur hoffentlich zu wecken wissen.

Marco Thomas Bosshard und Marcos Machado Nunes
Bochum, im Juni 2013

RODRIGO LACERDA

Blick auf Rio

In Rio entkommt niemand der Hitze. Sie ist unerträglich, erdrückend, auf den Hügeln und unten auf dem Asphalt. In den Straßen, den Häusern, Taxis, Wachhäuschen, Toiletten, Läden, in Parks, auf Märkten, in Gassen, auf Plätzen, in den Küchen, den Fluren, überall diese Hitze, die in Sommernächten das Laken noch auf der Haut brennen lässt. Niemand entkommt ihr. Virgílio kennt einen Spruch: »Gott, die Hitze und der VW-Bus der Süßwarenverkäufer sind allgegenwärtig, aber allwissend ist nur der VW-Bus, und allmächtig ist nur die Hitze.« Heiße, dicke, salzige Tropfen rinnen unter dem Hemd entlang, Hosenbeine werden zu Blei. Sogar auf den unbekleideten Teilen des Körpers ist Schweiß, tropft von der Stirn, sammelt sich über den Augenbrauen, quillt aus Armen und Handflächen.

Und so erreichten wir, unterwegs nach Pedra Bonita, in der sengenden Sonne São Conrado. Es war anzunehmen, dass aufgrund jüngster Verwaltungsentscheidungen der *Cidade Maravilhosa* dort, wo ein Schild die Estrada das Canoas hätte anzeigen sollen, kein Schild stand, also bogen wir falsch ab, kehrten wieder um, als wir den Fehler bemerkten, und hielten an einer Tankstelle, wo irgendwer hoffentlich den Weg kannte.

Während Virgílio sich mit dem erstbesten Tankwart verständigte, beschloss ich, etwas gegen meine Übelkeit zu tun und mir etwas für den Magen zu holen. Ich kaufte ein Sandwich und eine Cola. Als die Wegstrecke klar war, ging auch Virgílio sich »etwas« kaufen und kam mit einem ganzen Rucksack voller Bierdosen zurück. Derart informiert und ausgestattet, erreichten wir dann die Straße.

Wir fuhren langsam bergauf. Ich kaute schweigend an meinem Sandwich, Virgílio am Steuer trank die erste Bierdose leer. Die Straße war kurvig, und für jede Fahrtrichtung gab es nur eine Spur. Sonst war sie nicht schlecht, eigentlich. Auf jeden Fall schön. Ein grüner Hintergrund umrahmte die Bauten am Straßenrand.

Ich versuchte, die Gegend und ihre Landschaft zu begreifen, halb Favela und halb in die Geographie eingezwängter Vorort. Die Leute hier lebten irgendwo zwischen den luxuriösen Wohnanlagen am Meer und den radikalen Möglichkeiten zur Freizeitgestaltung der Cariocas oben auf dem Berg. Ihre ärmlichen Behausungen türmten sich in Form von zweistöckigen Häusern aufeinander, immer mit Blick auf die Straße. Sie waren hässlich und einfach, doch im ersten Stock auf Balkons kündeten Hängematten und Grills vom privilegierten Status ihrer Besitzer oder zumindest von deren gemeinsamen Vorlieben. Die Eigentümer arbeiteten wahrscheinlich irgendwo anders, auf den Straßen im Zentrum. Die Besitzer der winzigen Hütten dagegen verbrachten ihr Leben am Rande der Fahrbahn, hingen in den Trinkbuden herum, quatschten, verscheuchten Fliegen in einem Metzgerladen, verhandelten mit Mechanikern der zahlreichen Autowerkstätten. Wie wir sie beäugten, beäugten sie uns, mehr Kontakt verhinderte die Geschwindigkeit unseres Autos.

Irgendwann waren die Leute und Häuser zu Ende. Der Wald drängte in den Vordergrund. Seine Blätter quollen dunkelgrün hervor, wie eine Andeutung latenten Lebens im Dickicht.

Die Bergformationen überschatteten die Straße. Der Córrego das Canoas plätscherte neben uns. Wir sahen ihn nicht, doch er war irgendwo da. Virgílio, der König des unnützen Wissens, sagte, früher hätten Verwalter und Sklaventreiber der großen Fazendas im Norden und Süden der Stadt hier, seinem Verlauf folgend, den Wald durch die Hänge des Bergmassivs überwunden. Zum Strand von Gávea, heute São Conrado, und zurück, wo sie campierten, auf Schiffe und große Sklavenladungen warteten. Schon das eine Herkulesaufgabe, doch nicht zu vergleichen mit der Arbeit der Afrikaner, die erschöpft und fast immer schon ausgehungert ankamen und, ganz egal ob alt oder jung, krank oder gesund, sofort unter Gebrüll und Peitschenhieben gezwungen wurden, mit schweren Lasten beladen den Weg zurück durch die Berge zu nehmen. Anstiege von bis zu 300 Metern waren das, vielleicht sogar mehr. Manche Berge dort sind 600 Meter hoch. Sonst weiter nichts.

Ich verstehe nicht viel von Topographie und habe auch kein kartographisches Gedächtnis, aber ich denke, einige dieser Wege führten nach Tijuca, Lagoa, vielleicht auch Leblon und Ipanema.

Während ich mir all das Leid vorstellte, ätzte Virgílio:

»Die Avenida Niemeyer hätten sie damals gebraucht ... Da wären täglich Schwarze angeliefert und abgeholt worden, ohne Probleme.«

Ich verzog das Gesicht, und er merkte es:

»Was ist los, Marcotário? Nach der Geschichte kann nur noch Ikonoklasmus uns retten. Ein bisschen tropischer Sadismus hat noch niemandem geschadet.«

»Pass auf, dass deine Vorfahren dich nicht hören.«

»Geister stören sich nicht am Melaningehalt. Und ich habe doch nicht einmal eine richtige Familie.«

Daraufhin hielt ich erst einmal die Klappe. Undankbarkeit hat auch Grenzen. Ich biss in mein Sandwich und kaute. Seine Mutter und sein Vater würden die Krise bekommen, wenn sie das hörten. Vor allem sie, die sich mehr um ihn gekümmert hat als um ein leibliches Kind, ihn verzärtelte, ihm jeden Wunsch erfüllte. Sogar das Auto, in dem wir unterwegs waren und das Virgílio dauerhaft mit Beschlag belegte, gehörte ihr. Und noch etwas: Weder er noch ich hatten einen Führerschein.

Nach dieser denkwürdigen Abschweifung ließ Virgílio einer weiteren seiner Marotten freien Lauf: »Gib mal Feuer, Marcolino.«

Das fehlte noch: Virgílio am Steuer, ohne Führerschein und bekifft. Ich weigerte mich, den Joint anzuzünden, weil ich noch kaute.

»Hier gibt es doch nur ganz selten Kontrollen«, antwortete er, meine wirkliche Sorge erahnend. Um mich vollends zu beruhigen, entwickelte er als begnadeter Kneipenanthropologe den folgenden Gedankengang: »Jede Stadt hat schwarze Löcher, in denen Gewalt und Kriminalität das Gesetz übertrumpfen. Auch Rio natürlich, doch Rio ist eine der wenigen Städte, in denen auch eine friedliche Revolte in der Lage ist, alternative Räume und Codes zu erschaffen. Die Schönheit der Natur bringt unerwartete Nuancen in der Aufteilung des sozialen Raums hervor. Gib schon Feuer!«

Missmutig brannte ich den Joint an. Reichte ihn weiter. Virgílio griff mit spitzen Fingern nach ihm, ohne das Bier loszulassen oder gar langsamer zu fahren. Gierig nuckelte er an dem Joint und stieß Rauch aus.

Das Tal war ein Windkanal, in dem das Auto nach oben geweht wurde. Wir kamen an einem Aussichtspunkt vorbei, wo zwei andere Autos mit offenen Türen standen. Die Leute schauten aufs Meer von São Conrado hinunter. Die unendliche Weite schaukelte in Nuancen von Grün und Blau: smaragd, türkis, dunkelblau, wasserblau ...

Links am Horizont eine Inselgruppe aus drei Inseln in der Mitte, einer runden und rechts davon drei kleineren – die berühmten Cagarras. Der Sommertag ließ die entferntesten Dinge ganz nahe erscheinen. Man sah Möwen als weiße Punkte um die Klippen schwirren, die Vegetation winzig, die verstreute Bewegung der Wellen.

Wir fuhren weiter bergauf, schweigend, Ideen und Bilder zappten durch den Kopf.

Von den Bäumen flog ohne Vorwarnung eine lärmende Vogelschar auf. Dutzende Papageien flatterten durch die Luft, so laut, dass wir, als sie auf uns zukamen, erschraken. Ein geschlossener Körper in Bewegung. Virgílio bremste leicht, klemmte sich dabei die Bierdose zwischen die Beine und ließ mich den Joint halten. Die Vögel zischten am Auto vorbei wie laut kreischende Farbflecke. Dann verschwanden sie hinter uns im dichten Urwald.

Für meinen Freund war das nicht mehr und nicht weniger als der Segen der Berge.

»Also gut«, sagte ich.

Ich verstaute den Joint in der Streichholzschachtel, diese wiederum in der Hosentasche. Dann aß ich mein Sandwich, trank die Limonade aus und stopfte die schmutzigen Servietten und den Becher in die Papiertüte zurück, die ich anschließend säuberlich mit einem Knick am oberen Rand verschloss. Ich stellte den Müll auf das Armaturenbrett, um ihn später zu entsorgen. Virgílio machte sich lustig über meine Sorgfalt. »Schwuchtelig«, sagte er.

Ich antwortete, dass die Cariocas im Allgemeinen, und er manchmal auch, ein geradezu irres Vergnügen daran fänden, Rio de Janeiro misshandelt, schmutzig und in Fetzen zu sehen. Wie ein narzisstisches Schuldgefühl, in der schönsten Stadt der Welt zu leben; selbstzerstörerisch, indem sie die Stadt und damit sich selbst dafür bestraften, nicht mehr Hauptstadt zu sein wie früher; unbewusst, denn eigentlich machten sie ihr ununterbrochen Liebeserklärungen. Dieses kranke Schuldgefühl mündete unter anderem in dem populistischen, unpragmatischen und kindischen Sozialismus brasilianischer Prägung, unter dem wir lebten, einer Art Agonie der alten Linken. Rio wehzutun hieß, dem Land etwas Gutes zu tun, und war somit von nationaler Bedeutung.

Ganz egal, was ich sagte, es war immer egal: »Schwuchtelkram.«

Von unseren Diskussionen unberührt, verschlang uns allmählich die überwältigende Natur. Dieser Berg war, obwohl umgeben von Stadt, ein Nationalpark. Von Zeit zu Zeit tollten weißbärtige Äffchen in den Bäumen, würdigere Vögel bewegten das Gebüsch, darüber kreisten die Geier. Im Verborgenen gab es bestimmt Beutelratten, Gürteltiere, Wildkatzen, das ganze Getier. Unsichtbare, verschwiegene Wesen, aber beeindruckend frei in den Vorstellungswelten der Stadt und ihrer Bewohner. Der Faktor Mensch ist in Rio keinesfalls unentbehrlich. Ein Nationalpark ist immer noch Wald. Das erklärt vielleicht alles.

Zikaden zirpten in den Böschungen. Das Auto schaukelte in den Kurven. Je höher wir kamen, desto weniger stark war die Hitze, endlich gebrochen vom Schatten der Vegetation.

Virgílio wollte noch etwas rauchen. Ich sagte, er solle damit warten, bis wir die Canoas-Straße hinter uns hätten.

übersetzt von Michael Kegler

SÉRGIO SANT'ANNA

Die Statistin

Es ist ein Bild in einem Band mit Fotografien des alten Rio, das die Ecke der Rua da Assembléia mit der Avenida Rio Branco im Stadtzentrum zeigt, Ende der Zwanzigerjahre – das genaue Datum ist nicht angegeben –, das alte Rio mit seinen Straßenbahnen und den kleinen Bussen, wenige Autos, die meisten mit hochgeklapptem Verdeck, auf den Gehwegen mittelgroße Bäume, die Laternen mit schönen Leuchten, die Gebäude noch bescheiden, Läden, Cafés, ein Kino.

Wenn man die damalige Zeit in Betracht zieht, ist die Menschenansammlung bereits erstaunlich, sie besteht in ihrer überwiegenden Mehrzahl aus Männern – die Gesellschaft der Machos. Einige stehen in lockeren Gruppen auf dem Bürgersteig und reden, andere schreiten geschäftig aus, einem heutigen Blick erscheinen sie allesamt als altmodisch mit ihren Schnurrbärten, ihren feierlichen dunklen Anzügen, ihren Hüten, manche mit Spazierstöcken, wie im Bestreben vereint, sich hier in den heißen Tropen den Europäern anzugleichen. Selbst der eine oder andere Straßenverkäufer, der auf dem Gehweg seine Waren feilbietet, zeigt sich im schlichten Jackett, und einer von ihnen hat sogar eine Fliege um.

Doch wir interessieren uns für keinen dieser Männer, sondern für eine Frau, die wie durch Zauberei, wie durch eine geheimnisvolle Kraft unseren Blick auf den Bürgersteig in der rechten oberen Ecke der fotografierten Szene gelenkt hat. Ja, diese Anziehung ist in der Tat magisch, nicht nur weil sie einen Abstand von mehr als siebzig Jahren überwindet, sondern weil die Gestalt unserer Statistin auf dem Bild ziemlich klein ist und es vielleicht eher einer Wunschvorstellung entspringt, dass wir sie für hübsch halten.

Sie trägt einen dunklen, knöchellangen Rock und eine weiße Bluse, die ihren Hals mit einem spitzenbesetzten Kragen bedeckt, deren Ärmel aber nur bis zu den Ellbogen reichen und ein winziges Stück ihrer Arme entblößen, nur ein winziges Stück, denn die Frau trägt lange weiße Handschuhe und an den Füßen Stiefel. Am rechten Arm hat sie eine Tasche, und mit der linken Hand hält sie ein Paket, vermutlich mit Einkäufen. Vielleicht können wir an dieser Stelle schon resümieren, dass ihre Kleidung in jeder Hinsicht der einer verheirateten jungen Frau entspricht – elegant und dezent zugleich, in einer Epoche, in der die Kleidung der Damenwelt sich erste Kühnheiten erlaubt.

Aber wir müssen noch den Hut erwähnen, den wir uns absichtlich bis zum Schluss aufgespart haben, weil er mit einem kleinen Schleier versehen ist, der einen Schatten auf das Gesicht der jungen Frau wirft, ohne es indes zu verbergen, was eher einen ordinären Appell an die fremde Neugier darstellen würde als ein weiteres Mittel zum Ausdruck ihrer diskreten Eleganz.

Für einen phantasiebegabten Beobachter wäre es nicht schwer, sie sich als die noch relativ junge, knapp dreißigjährige Ehefrau eines höheren Regierungsbeamten vorzustellen, die den Nachmittag, während die Kinder, vielleicht zwei, in der Schule sind, genutzt hat, um, wie sie es ihrem Mann angekündigt hatte, zum Einkaufen in die Stadt zu fahren, die Abholung des Nachwuchses dem Dienstmädchen überlassend.

Unsere Phantasie reicht jedoch weiter und malt sich aus, dass die Frau den Hut, den sie trägt, gerade in einem Modegeschäft in der Rua da Assembléia erworben hat, was hervorragend zu unserer zuvor aufgestellten Hypothese passen würde, dass sie ins Zentrum gefahren ist, um Einkäufe zu machen, nützlichere vielleicht als diesen (in dem Paket in ihrer Hand befinden sich möglicherweise Kleidungsstücke für ihre Kinder), und dass sie einem so hübschen Hut nicht widerstehen konnte, den sie ihrem Mann am Abend stolz zeigen und ihn fragen wird, ob sie ihn nicht noch einmal für ihn aufsetzen soll, was er natürlich bejaht, wenn auch etwas zerstreut: Er hat viel gearbeitet, möchte ein bisschen Radio hören und früh zu Bett gehen.

Aber diese unsere Phantasie schwingt sich noch höher hinauf und glaubt zu bemerken, dass die junge Frau, obwohl unbeweglich auf einer Fotografie, aussieht, als blickte sie in die eine und die andere Richtung, wie um zu prüfen, ob sie in der Nähe ein bekanntes Gesicht entdeckt, jemanden, den sie höflich grüßen müsste – ihr Mann hat viele einflussreiche Freunde –, wie es sich für eine verheiratete Frau in der Stadt gehört, es sei denn, sie hätte zufällig eine Freundin getroffen und wäre mit ihr ins Gespräch vertieft. Da sie niemanden erkennt, das vermuten wir jedenfalls, blickt die Frau sich um, weil sie eventuell unschlüssig ist, ob sie die Straßenbahn zurück nach Hause, nach Botafogo, nehmen oder noch ein wenig durch die Stadt schlendern soll, um vielleicht weitere Geschäfte aufzusuchen oder am Tresen einer Konditorei ein Salzgebäck und eine Limonade zu bestellen, wo sie sich auch gern im Gastraum an einen Tisch setzen würde, wenn sie nicht allein und so etwas nicht unschicklich wäre.

Schließlich entscheidet sie sich, oder wir für sie, und geht in Richtung Rua Sete de Setembro, wobei sie gelegentlich stehenbleibt und Schaufenster betrachtet. Sie betritt ein Schuhgeschäft und probiert ein Paar Schuhe an, will es aber nicht kaufen, zumindest nicht heute.

Kurioserweise ist sie bei ihrem Bummel – wir stellen uns das weiter vor – einmal ums Karree gelaufen und an den Punkt zurückgekehrt, wo sie fotografiert wurde, der, nebenbei bemerkt, der einzige Punkt ist, von dem wir sicher sein können, dass sie dort war, und ist erneut stehengeblieben, als wartete sie auf jemanden, und daher kommt vielleicht dieser Ausdruck eines Menschen, der sich nach allen Seiten umsieht.

Doch – und jetzt geht alles auf unsere Rechnung – als begänne der Film plötzlich zu laufen, setzt die junge Frau sich merkwürdig in Bewegung, um die breite Allee zu überqueren, entrinnt nur knapp einem Ford und betritt auf der anderen Seite ein Gebäude in der Rua da Assembléia, als wäre das von Anfang an ihr Ziel gewesen. Eine Wanduhr in der Eingangshalle zeigt genau drei Uhr, und angesichts einer so genauen Uhrzeit ist zu vermuten, dass sie einen Termin bei einem Zahnarzt oder irgendeinem anderen Spezialisten hat, was die Entschlossenheit, mit der sie den Führer eines der Fahrstühle mit Ziehharmonikatür bittet, sie in die fünfte und letzte Etage zu bringen, nachdrücklich zu bestätigen scheint.

Als wir mit der jungen Frau im Flur des fünften Stockwerks aussteigen, der etwas dunkel ist, wie es die Flure dieser alten Gebäude waren, eilen wir ihr fast voraus, um auf eine Tür zuzusteuern, auf deren Schild *Dr. Clóvis Marques, Kieferchirurg* steht, aber da bemerken wir, dass die Frau zögert – und sogar ihren Schleier richtet, als ein Paar vorbeikommt, obwohl sie es gar nicht kennt. Sie wirkt ein wenig hilflos und mustert die Türen, bis sie auf eine von ihnen mit dem Hinweis *Dr. Alfredo Pires Júnior – Rechtsanwalt* zugeht und, statt zu klingeln, schüchtern dreimal mit dem Fingerknöchel anklopft.

Sofort öffnet ein noch junger Mann die Tür, um unsere Heldin einzulassen. Seine Kleider ähneln in nichts denen eines Anwalts, sondern eher denen eines Dandys: eine schmale Krawatte und ein ausgesprochen helles, gestreiftes Jackett. Zuerst schließt er die Tür, dann nimmt er die rechte Hand der Frau, küsst sie auf den Handschuh und sagt:

»Ich fühle mich sehr geschmeichelt, dass Sie gekommen sind, Dona Eduarda.«

Der Ton ihrer Antwort lässt erkennen, dass sie eine gewisse Förmlichkeit bewahren möchte, und sie errötet sogar:

»Ich gestehe, dass ich einige Zweifel und Vorbehalte hatte, Senhor Lucas. Aber ich konnte dem Wunsch, die Reproduktionen zu sehen, nicht widerstehen.«

»Ah, ich zeige sie Ihnen gleich. Bitte, setzen Sie sich«, und er deutet auf einen Stuhl, der vor einem Tisch steht.

Gehen wir ein paar Tage in der Zeit zurück und stellen uns vor, dass Lucas und Eduarda sich bei einem Wohltätigkeitskonzert im Haus der Vilhenas – er Bankdirektor – kennenlernten, welches an einem Donnerstagnachmittag und deshalb ohne nennenswerte Beteiligung von Ehemännern stattfand. Es geschah, unmittelbar nachdem Meister Serrone, Klavierlehrer mehrerer der anwesenden jungen Damen, sein Programm mit einem Nocturne von Chopin und *Pour Élise* von Beethoven beendet hatte, zwei Stücken, die den Zuhörern außerordentlich gefielen.

Lucas de Paula, der kürzlich aus Europa zurückgekehrt war, wo er als Stipendiat an der École des Beaux-Arts in Lyon, jedenfalls in Frankreich, studiert hatte, besaß gute Gründe, zugegen zu sein, denn er hoffte auf diese Leute aus der allerbesten Gesellschaft nicht nur als Kunden für die Bilder seiner *französischen Phase*, sondern auch als Modelle. Für unschuldige Porträts, wohlgemerkt, die, da machte er sich keine Illusionen, fortan sein hauptsächlicher Broterwerb sein würden. Und um die Fähigkeiten des Malers zur Schau zu stellen, befand sich dort, an einem herausgehobenen Platz an der Wand, ein Porträt der Gastgeberin, auf dem ein impressionistisches Licht zusammen mit der vorsichtigen Korrektur ihrer Gesichtszüge die Senhora Vilhena um mindestens zehn Jahre verjüngte, sie in geschickter Weise hübscher machte, als sie je gewesen war, ohne dass sie deswegen aufgehört hätte, sich selbst zu ähneln. Und war das nicht ein weiterer Grund für das Konzert: die Zurschaustellung des Porträts und seines Schöpfers?

Ein zynisch veranlagter Zeitungskolumnist, der sowohl zu seinem Vergnügen als auch aus beruflicher Verpflichtung gekommen war, raunte einem Freund zu:

»Die Wohltätigkeit dieser sympathischen Veranstaltung richtet sich ebenfalls an den jungen Maler. Es heißt, was er im Ausland am besten gelernt habe, sei die Kunst, Scheusale in Schönheiten zu verwandeln.«

Senhora Berenice Vilhena selbst stellte den Künstler Eduarda vor. Sie nannte ihren vollständigen Namen, Eduarda Paranhos, und sagte dann:

»Eduarda, das ist Lucas de Paula, der in seiner feinfühligen Art mein Porträt gemalt hat, das du bestimmt schon gesehen hast. Ich helfe ihm gerade, eine Ausstellung mit seinen neuesten Bildern zu organisieren. Sie sind in Frankreich entstanden und werden die meisten Leuten zunächst irritieren. Nur mich nicht, denn ich liebe sie.«

Lucas küsste Eduardas Hand.

»Sehr erfreut. Das Porträt von Berenice ist wundervoll«, sagte Eduarda. »Ich komme gern zu Ihrer Ausstellung.«

»Ich werde mich glücklich schätzen, wenn Sie mir diesen Gefallen tun«, sagte der Maler, ein Mann um die dreißig, der eine leicht feminine Ausstrahlung hatte, sehr nützlich, um Ehemänner wegen seiner Arbeit als Porträtist, die ihm Zutritt zu den Wohnungen verschaffte, nicht zu beunruhigen, wie Ana, eine ihrer besten Freundinnen, Eduarda wenig später anvertraute.

Im selben Moment machte Senhora Vilhena auch schon den Vorschlag:

»Was hältst du davon, dass er dich porträtiert, Eduarda? Du könntest Breno damit überraschen.«

Breno Paranhos aus dem Beraterstab des Finanzministers war Eduardas Ehemann. Sie, die Sinn für Humor und Schlagfertigkeit besaß, erst recht nach einem Glas Sekt, erwiderte lachend:

»Aber wie soll ich meinen Mann überraschen, wenn er doch derjenige ist, der den Auftrag erteilen muss?«

»Bitte, lassen Sie uns jetzt nicht über Geld reden«, sagte Lucas.

»Und wo könnte das Porträt gemalt werden, wenn nicht bei mir zu Hause?«, beharrte Eduarda. »Dort würde Breno es sofort merken.«

»Es wäre mir eine Ehre, Sie in meinem Atelier zu empfangen«, antwortete er. »Aber leider tragen die Vorurteile unserer Gesellschaft dazu bei, dass Ateliers als Orte gelten, die des Besuchs verheirateter Frauen und junger Damen unwürdig sind.«

Er wollte schon verstummen, doch seinerseits von einem Schluck Wein angeregt, fügte er mit offenem Lachen hinzu:

»Vielleicht nicht ohne Grund?«

Da mischte sich Senhora Vilhena ein, die anscheinend mitbekommen hatte, dass das Gespräch eine etwas falsche Richtung nahm:

»Ach so, nein. Das Porträt kann hier bei mir gemalt werden. Und ich schlage gleich den Garten im Innenhof vor. Er und Eduarda würden wunderbar zusammenpassen. Blumen bedeuten Reinheit, aber auch Liebe zu den Pflanzen, nicht wahr?«

Beide nickten, und Berenice wandte sich ihren anderen Gästen zu, wodurch sie Eduarda und Lucas die Gelegenheit gab, sich eine Viertelstunde allein zu unterhalten.

Da fragte Eduarda:

»Entschuldigen Sie meine Neugier, Senhor Lucas, aber was malen Sie, wenn sie keine Porträts malen?«

»Es wäre mir lieber, wenn Sie es selbst sehen würden, aber man könnte sagen, dass ich einige Elemente der Vergangenheit mit denen der Moderne vermische. Vielleicht ein bisschen zu sehr für den Geschmack unseres Jahrhunderts. Sie wären verblüfft, Dona Eduarda, wenn Sie die Freiheit erlebten, mit der die europäischen Künstler heutzutage Porträts, Körper und andere Dinge malen.«

Eduarda errötete leicht, was ihre Art war, Schüchternheit auszudrücken:

»Sind Sie sehr wagemutig?«

»Ja, zweifellos, aber möglicherweise nicht so, wie Sie denken.«

Eduarda öffnete einen Fächer und begann, sich Luft zuzufächeln:

»Und woran denke ich?«

»Vielleicht daran, dass Maler und Modelle ohne Scham ihre Körper entblößen? Aber das ist ja schon lange so, nicht wahr?« Lucas machte eine Pause, und von da an schien die Ironie in seiner Stimme ein gewisses Ressentiment zu signalisieren. »Doch seit mehr als einem Jahrzehnt werden Gesichter und Körper von allen Seiten zugleich gezeigt und zerlegt, sogar in der Bewegung wie bei dem *Akt, eine Treppe herabsteigend* von Monsieur Duchamp. Und was die Treppe herabsteigt, ist eine Maschinerie, um nicht zu sagen: ein Haufen Blech. Aber es gibt auch Picasso, der fähig ist, die Anatomie einer Frau auseinanderzunehmen und neu zusammenzusetzen, indem er die Augen, die Brüste, den Nabel und andere weibliche Körperteile dorthin platziert, wo es ihm gerade einfällt.« Lucas lachte. »Bei seinem *Großen weiblichen Akt in einem roten Sessel*, der gerade in Paris Furore gemacht hat, gelingt es Picasso, wie ich zugeben muss, im selben Moment avantgardistisch und beneidenswert vital, komisch und obszön zu sein. Und dann gibt es noch die Dadaisten, die Suprematisten, die Konstruktivisten, die Expressionisten und die Surrealisten, die die verborgensten Träume aufdecken wollen. Bestimmt haben Sie schon von den Studien Dr. Freuds gehört, eines Wiener Arztes, der sich mit den Äußerungen des Unbewussten befasst.«

»Ja, natürlich. Aber wie Sie wissen, werden solche Dinge hierzulande für gewöhnlich nicht in Anwesenheit von Frauen erörtert, außer vielleicht bei den Modernisten.«

»Mein Gott! Oder soll ich den Teufel anrufen?« Er lachte. »Was würden sie hier bei uns sagen, wenn sie die Bilder sähen, die ein anderer Österreicher gemalt hat, Egon Schiele, ein Expressionist? Gut verschlossen bewahre ich ein paar Reproduktionen seiner Bilder auf, die selbst mich schockieren, denn dieser Bursche – ja, schließlich starb er 1918 im Alter von nur achtundzwanzig Jahren an der spanischen Grippe – machte vor nichts Halt. Er musste sogar eine Zeitlang ins Gefängnis, weil er in der schonungslosesten Weise Frauen und junge Mädchen porträtiert hatte.«

Mit einem trockenen Geräusch klappte Eduarda ihren Fächer zu.

»Und fänden Sie es abwegig, mir diese Reproduktionen zu zeigen?«

»Sie würden mich vielleicht ohrfeigen, wenn ich es täte. Und überhaupt, um sie zu sehen, müssten Sie in mein Atelier kommen, was, wie wir schon festgestellt haben ...«

»Gibt es denn keinen anderen Ort? Der sicher und«, sie lachte, »anständig ist. Warum nicht sogar hier, wenn Sie kommen, mein Porträt zu malen?«

»Aha, Sie sind also damit einverstanden, dass ich Sie porträtiere? Noch ein Grund, Schiele vor Ihnen zu verbergen. Sie könnten sonst von dem Porträt Abstand nehmen und den Kontakt zu mir abbrechen. Außerdem wäre es ein Sakrileg, die Bilder dieses Österreichers ins Haus der Vilhenas mitzubringen, selbst wenn ich sie in einer Skizzenmappe versteckte. Sie würden die Fundamente des Hauses, wenn nicht gar der Bank erschüttern ...« Er lachte.

Eduarda blieb unbeugsam:

»Damit stacheln Sie meine Neugier nur noch mehr an. Wir machen Folgendes: Das Porträt malen

Sie hier. Inmitten der Blumen.« Sie lachte. »Doch vorher will ich die Werke von Schiele sehen. Vor einer modernen Frau darf man solche Sachen nicht verbergen. Ich überlasse es Ihnen, einen geeigneten Ort zu finden, wo Sie sie mir zeigen können. Ich vertraue auf Sie und Ihre Diskretion.«

Und so kam es, dass Lucas de Paula zwei Tage später Eduarda Paranhos anrief und einen Tag und eine Uhrzeit vereinbarte, zu der sie das Büro von Dr. Alfredo Pires Júnior, einem Freund des Malers, aufsuchen sollte, um Reproduktionen von Bildern Egon Schieles anzusehen. Der Jurist wäre bei dem Treffen selbstverständlich nicht dabei.

Die Szenerie einer Anwaltskanzlei mit zwei eindrucksvoll gefüllten Bücherregalen scheint am Anfang die Entwicklung des Treffens zu bestimmen. Es gibt zwei Räume: In einem, dem weniger offiziell wirkenden, stehen ein Sofa und zwei bequeme Sessel, in dem anderen die direkt mit der Arbeit verbundenen Möbel. In diesem zweiten Raum lassen Lucas und Eduarda sich nieder. Lucas setzt sich auf den samtbezogenen Stuhl des Doktor Alfredo, an einen großen Tisch aus edlem Holz, auf dem Bücher und Prozessakten liegen, während Eduarda auf einem der für die Klienten vorgesehenen Polsterstühle Platz nimmt, dem Maler gegenüber. Eduarda sitzt aufrecht und ein wenig angespannt, aber auch schon erleichtert über beider förmliche Positionen, die, bedenkt man den Zweck ihrer Begegnung, vielleicht etwas ungewöhnlich, jedoch nicht missverständlich sind – falls Lucas' respektvolle Haltung nicht bereits genügt hätte. Und als handelte es sich tatsächlich um eine geschäftliche Begegnung, reden sie, allerdings freundschaftlich, erneut über das Porträt. Vielleicht um dem Treffen alle Zweideutigkeit zu nehmen, erwähnt Eduarda ihren Mann und berichtet, dass sie beschlossen habe, ihn wegen des Bildes zu befragen, und er seine Zustimmung gegeben habe: Er sei bereit zu zahlen, was der Maler für angemessen halte. Lucas sagt, darüber werde man sprechen, wenn sie und ihr Mann mit seiner Arbeit zufrieden wären. Dann fragt er, ob sie immer noch im Garten des Innenhofs der Vilhenas Modell sitzen wolle. Ja, sagt Eduarda, und Lucas sagt, dann möge sie mit Berenice Vilhena die Termine vereinbaren – er brauche drei oder vier Tage – und ihn danach anrufen. Er schlägt ihr vor, in einem sonntäglichen Frühlingskleid Modell zu sitzen, denn er wolle sie gern im Ganzen malen. Eduarda ist einverstanden, wirkt aber ein bisschen abwesend.

Zwischen ihnen breitet sich nachdenkliches Schweigen aus, und – zugunsten von Lucas' Höflichkeit und Klugheit sei es gesagt – es ist nicht er, der an Egon Schiele erinnert. Er scheint vielmehr zu hoffen, dass das Gespräch an diesem Punkt von sich aus endet, nun, da die Beziehung Porträtmaler – Kundin dauerhaft etabliert ist.

Mit ihren nächsten Worten beweist Eduarda jedoch, dass sie nur auf den passenden Augenblick gewartet hat, um sich jener anderen Angelegenheit zuzuwenden:

»Und die Reproduktionen, die Sie mir zeigen wollten?«

»Sind Sie immer noch bereit, sie zu sehen, ungeachtet ihres Inhalts?«

»Ja, das bin ich. Es sind normale Reproduktionen von Gemälden, oder? Von einem in Europa anerkannten Künstler. Warum sollte ich sie nicht ansehen?«

»Stimmt, vielleicht haben Sie Recht. Ich wollte Sie nur vorwarnen«, antwortet Lucas.

Und nachdem er sich von seinem Stuhl erhoben hat, tritt er an einen kleinen Tisch, auf dem neben einer Schreibmaschine eine Mappe aus schwarzem Karton liegt. Lucas nimmt sie in die Hand, und während er an seinen ursprünglichen Platz zurückgeht, fährt er fort:

»Wie sollte ich, ein Maler, auch Partei für die Vorurteile ergreifen? Und da wir uns hier im Herrschaftsgebiet des Rechts befinden«, er lacht etwas nervös, »erlauben Sie mir, mit einem Bild zu beginnen, das eines von Schieles Lieblingsthemen behandelt, eines der Motive, die ihn bedauerlicherweise ins Gefängnis brachten. Es heißt *Schwarzhaariger Mädchenakt, stehend*.«

Wieder auf dem Stuhl des Anwalts sitzend, holt Lucas eine Reproduktion aus der Mappe und reicht sie Eduarda, die ihren Hut abnimmt und ihn neben sich auf den freien Stuhl legt.

Das Bild zeigt, von vorn, ein etwa dreizehnjähriges nacktes Mädchen mit sehr weißer Haut und riesigen schwarzen Augen, die Lippen leicht rot angemalt. Sie ist hübsch, mit ihren langen schwarzen Haaren, die ihr sanft in das Kindergesicht fallen, das an eine menschliche Puppe erinnert, so als wäre sie noch jünger, als ihr pubertierender Körper vermuten lässt. Ihre kleinen Brüste wirken weich und zugleich fest, und auf dem langgestreckten Bauch sieht man einen großen, tiefliegenden, sinnlichen Nabel, worauf der Leib in einem schon von schwarzen Haaren bedeckten Schamhügel ausläuft. Und zwischen diese Haare war der Künstler so kühn, mit leuchtendem Rot ein ausgesprochen auffälliges Geschlecht zu malen und das Modell auf diese Weise für den Betrachter zu erotisieren, was durch den Anblick der oberen Enden von zwei schwarzen Strümpfen am unteren Bildrand noch verstärkt wird, den Strümpfen einer erwachsenen Frau, die die Knie des Mädchens bis zu den festen, halbgeöffneten Schenkeln bedecken.

Eduarda versucht, so natürlich wie möglich zu erscheinen, obwohl sie auf ihrem Stuhl herumrückt und sich mit allen Anzeichen des Unbehagens auf die Lippe beißt.

»Aber das ist ja fast noch ein Kind. Und trotzdem hat er sie gemalt wie ... eine Frau?«

»Eher wie ein Objekt des Begehrens, würde ich sagen, wie eine Gestalt gewordene Männerphantasie. Und dafür ist es wesentlich, dass das Gesicht und die Pose, mit der das Modell die Arme erhoben hat, ganz und gar kindlich sind, engelsgleich. Durch die traurigen Augen des Mädchens deutet Schiele sogar an, dass ihrer Unschuld von dem fremden Blick Gewalt angetan wird. Doch ich halte es für sehr wahrscheinlich, dass er gewisse Einzelheiten aus eigenem Antrieb hervorgehoben hat. Beachten Sie, dass der Kontrast zwischen dem Weiß der Haut, dem tiefen Schwarz der Augen, der Haare, des Schamhügels und der Strümpfe und dem betonten Rot der geschminkten Lippen, aber auch der Brustwarzen und des Geschlechts das wahre Geheimnis darstellt, das aus dem Mädchen gleichzeitig ein Mädchen und eine Frau macht.«

»Glauben Sie, sie ist schon ... erweckt?«

»Ich werde nur eine einfache Meinung äußern: Schiele hat das Mädchen erweckt, als er es für das Porträt posieren ließ. Und so hat er den Moment einer Initiation eingefangen. Diese Mädchen sind nicht dumm, die Kleine könnte instinktiv die Dimension des Spiels erkannt und bewusst an ihm teilgenommen haben, selbst an der Vergewaltigung. Durch den Blick, ich wiederhole es.«

»Und haben sie ...? Ich weiß nicht recht, wie ich es sagen soll.«

Lucas lächelt ein bisschen maliziös:

»Ich verstehe, doch woher soll man das wissen? Was meinen Sie?«

Eduarda wirkt entspannter, so als säße sie einem Freund gegenüber:

»Irgendetwas könnte zwischen ihnen vorgefallen sein. War er lange im Gefängnis?«

»Erst war er zwei Wochen wegen der angeblichen Entführung einer Minderjährigen inhaftiert, eine Anschuldigung, die sich als unbegründet erwies. Aber man verurteilte ihn wegen der Verbreitung unsittlicher Zeichnungen zu drei Tagen Arrest. Während des Prozesses verbrannte der Richter demonstrativ eines seiner Bilder. Im Gefängnis erklärte Schiele dann, dass es ein Verbrechen sei, einen Künstler einzusperren.«

»Sie glauben, in der Kunst ist alles erlaubt, nicht wahr, Senhor Lucas?«

»Wenn es Kunst ist, ja. Finden Sie nicht auch?«

»Ich bin etwas durcheinander. Aber ich glaube, ja. Obwohl es immer die Männer sind, die die Frauen bloßstellen.«

»Und diese ... Bloßstellung missfällt Ihnen?«

»Ein wenig, das muss ich zugeben«, antwortet Eduarda und legt die Reproduktion auf den Tisch.

»Dabei ist es eines der harmlosesten Aktbilder von Egon Schiele, nicht zuletzt weil es sich fast noch um ein Kind handelt«, sagt Lucas. »Vielleicht sollten wir an dieser Stelle besser Schluss machen?«

»Aber nein. Auf keinen Fall.«

»Wenn Sie also nichts dagegen haben, zeige ich Ihnen jetzt etwas Ungewöhnlicheres. Einen männlichen Akt. Es ist übrigens Schiele persönlich. *Sitzender männlicher Akt, eine Selbstdarstellung* hat er das Bild genannt.«

Lucas steckt die erste Reproduktion in die Mappe zurück, nimmt eine andere heraus, und während er sie Eduarda reicht, sagt er mit ironischem Unterton:

»Wie Sie sehen, Eduarda – ich darf Sie doch so anreden? –, hat er nicht nur Frauen bloßgestellt.«

Eduarda errötet, und ihre Hände zittern, als sie den Blick auf die Reproduktion richtet, die Egon Schiele ohne jede Verhüllung frontal als Akt zeigt, vor einem weißen Hintergrund sitzend, als schwebte sein Körper im Raum. Und während der Körper in der Stilisierung einer extremen Magerkeit erscheint, sodass Muskeln und Knochen sich unter der Haut abzeichnen, werden die Geschlechtsorgane und das Schamhaar rücksichtslos zur Schau gestellt.

»Sind Sie sehr schockiert?«, fragt Lucas mit einer gewissen perversen Freude.

»Ich will Sie nicht belügen. Ja, das bin ich. Aber ich bin Ihnen auch dankbar, dass Sie meinen Wunsch erfüllt haben.«

»Da wir schon einmal so weit sind, Eduarda, möchte ich Sie bitten, dass sie sich bei der Betrachtung dieses Werks ein bisschen von mir leiten lassen, damit sie sehen, was vielleicht nur ich und einige wenige wie ich in ihm wahrnehmen. Denn da, wo die meisten Leute nur die schamlose, wenn auch stilisierte Zurschaustellung einer männlichen Anatomie und sogar der Geschlechtsorgane erkennen, gehe ich einen Schritt weiter und behaupte, dass Egon Schiele die weiblichen Aspekte seines Körpers hervorgehoben hat, den Schnittpunkt zwischen dem männlichen und dem weiblichen Geschlecht, den er in diesem Bild ausdrücklich gestalten wollte. Achten Sie darauf, dass Schiele, indem er den oberen Teil des mageren Brustkorbs kräftiger darstellt, seinen Körper scheinbar mit Brüsten gemalt hat, noch dazu mit wesentlich entwickelteren und dunkleren Brustwarzen, als sie ein Mann normalerweise hätte. Auch der Nabel ist tief und rot, als sollte er auf die weibliche Natur anspielen. Und verzeihen Sie mir, wenn ich wie ein Anatom rede, aber ich möchte Sie außerdem darauf hinweisen, dass die ruhenden Geschlechtsorgane, der auf den Hoden liegende Penis, eine Öffnung zu bilden scheinen, die an eine Vagina erinnert, ich bitte abermals um Entschuldigung. Und beachten Sie unbedingt, dass der Maler für den Penis und die Hoden, für diese Penis-Vagina, dieselbe rote Farbe verwendet hat wie für die Brustwarzen und den Nabel. Diese rote Farbe, erst recht im starken Kontrast zur schwarzen Körperbehaarung, lenkt den Blick auf die besonderen Merkmale dieses weiblichen Mannes. Schiele, mit seinen sexuellen Obsessionen, war ein Erforscher und intimer Kenner der verborgensten Geheimnisse der Frauen und wusste, welche weiblichen Elemente es in ihm selbst gab. Abgesehen davon, dass es ihm, denke ich, großes Vergnügen bereitete, sie darzustellen. Es war für ihn fast, als schüfe er ein androgynes Wesen. Der längliche, magere Körper ist tatsächlich der eines Mannes, doch die rot gemalten Teile gehören zu jenem Zwitterwesen.« Lucas setzt ein breites, verführerisches Lächeln auf. »Was meinen Sie zu all dem, Eduarda?«

Eduarda lässt die Atemluft entweichen, die sie unbewusst angehalten hat:

»Ich finde es sehr interessant, Lucas. Ich werde Sie ebenfalls so nennen, denn wir sind ja inzwischen Freunde, nicht wahr?« Sie gibt ihm die Reproduktion zurück. »Das Seltsame ist, dass mit Ihren Erklärungen alles annehmbarer, verständlicher wird.«

Lucas legt die Reproduktion in die Mappe, die er geöffnet lässt, aber mit der flachen Hand zudeckt:

»Ich merke, dass Sie ein intelligenter und sensibler Mensch sind, Eduarda. Aber das dritte Bild, ich weiß wirklich nicht, ob ich es Ihnen zeigen soll. Ich fürchte, Sie ernsthaft zu beleidigen.«

Sie streckt die Hand in seine Richtung aus:

»Lucas, bitte, geben Sie schon her. Spannen Sie mich nicht länger auf die Folter.«

Lucas nimmt die Reproduktion, und bevor er sie Eduarda überreicht, wiederholt er noch einmal ohne große Überzeugung:

»Denken Sie daran, dass ich Sie gewarnt habe.«

Am Anfang ist Eduarda so perplex, dass sie Schwierigkeiten hat, die Darstellung in ihrer Gesamtheit zu erfassen, denn ihr Blick wird sofort von dem demonstrativ ausgestellten Geschlecht einer liegenden jungen Frau angezogen, die sich dem Betrachter mit geöffneten Beinen präsentiert, vor einem nicht näher bestimmten Hintergrund, um die Aufmerksamkeit des Betrachters in keiner Weise vom Zentrum des Bildes abzulenken. Und erst allmählich begreift Eduarda fasziniert, dass dieses Geschlecht noch mehr entblößt wird, weil die Frau, außer in jenem Bereich, vollständig von einem langen dunkelblauen Kleid bedeckt ist, mit ebenfalls langen Ärmeln und einem Kragen, der ihren Hals umschließt, während sie unten Stiefel und bis über die Oberschenkel reichende Strümpfe trägt, alle Kleidungsstücke in derselben Farbe wie das Kleid, die einen Kontrast zu ihren blonden Haaren, dem geröteten Gesicht und dem Rot ihrer Lippen und ihres Geschlechts bildet. Und so, vornehm gekleidet wie eine Dame, hat sie auf Anweisung des Malers ihren Rock gehoben, die Beine gespreizt und sich entblößt. Der Titel des Werks ist *Liegendes Mädchen in dunkelblauem Kleid*.

Plötzlich verliert Eduardas Blick angesichts dieser Abbildung den Halt, sie lässt sie auf den Schoß fallen und legt, von Schwindel übermannt, ihren Kopf mit geschlossenen Augen nach hinten an die Stuhllehne. Lucas springt auf, läuft um den Tisch herum, nimmt eine ihrer behandschuhten Hände und fragt:

»Fühlen Sie sich nicht gut?«

Eduarda hat sich bereits wieder gefasst und tastet nach der Reproduktion, ohne sie jedoch anzusehen:

»Machen Sie sich keine Sorgen, ich bin in Ordnung, es ist schon vorbei.«

»Kommen Sie«, sagt Lucas, zieht an ihrer Hand und führt sie zu dem Sofa, auf das Eduarda sich gehorsam setzt. Doch als Lucas, der immer noch steht, ihr die Reproduktion wegnehmen will, leistet sie Widerstand und heftet den Blick abermals lange auf das Bild. Dann gibt sie es Lucas zurück, und dieser beeilt sich, es wieder in die Mappe auf dem Tisch zu stecken, während ihre Augen – Eduarda hat den Kopf auf das Polster des Sofas gelegt – unruhig die Decke absuchen, als gäbe es dort andere Bilder oder eine andere Welt, die eines anderen Ichs, das gerade von ihr Besitz ergreift.

Ohne dass sie wirklich darüber nachdenkt – nicht zuletzt weil sie wie eine Verklärte durch andere

Welten streift –, spürt Eduarda eine innere Rebellion gegen ihr langweiliges Leben mit diesem Ministeriums-Ehemann, gegen ihre Rolle als Hausfrau, die ihr nie eine echte Wahl gelassen hat, wozu auch immer. Ihr ist, als hätte man sie ins Abseits geführt, nur um ein vernünftiges Mädchen aus ihr zu machen. Da sind die Tochter und der Sohn, ja doch, neun und sieben Jahre alt, die sie liebt, ja, wie alle Mütter ihre Kinder lieben, aber gegen die, obwohl sie das nicht zugeben will, ebenfalls etwas in ihr revoltiert, weil sie sie zu einer lebenslänglichen Gefangenschaft verurteilen. Es sei denn, sie lässt, wenigstens für den Moment, das an die Oberfläche kommen, was bis zu diesem Nachmittag hermetisch in ihr verborgen war.

Da erscheint jene andere Eduarda, die, nachdem sie ihren langen Rock hochgezogen hat, ihre Unterwäsche herunterreißt und wie die junge Frau auf dem dritten Bild ihre Beine weit öffnet, um einem verblüfften Lucas ihr Geschlecht zu zeigen, das umso entblößter und schriller wirkt, weil es ein überall sonst als ehrbare Gattin bekleidetes Geschlecht ist, mit der ganzen Scham einer Epoche bekleidet, einer Scham, die die Männer für die Frauen erfunden haben, damit sie etwas wie *die reine Frau* schaffen können. Aber was ist Eduarda in diesem Augenblick anderes als eine reine, eine makellose Frau, die ihr von Begehren durchtränktes Geschlecht der Welt präsentiert? Und während sie sich dort berührt, sagt sie zu Lucas:

»Male mich mit den Augen, für immer, und nimm mich, wenn du willst. Mach mit mir, was du willst. Aber sag niemals, absolut niemals, auch nur ein einziges Wort darüber.«

Lucas de Paula ist ein Mann, der aus Gründen der Familie und des sozialen Umfelds seine Homosexualität zu unterdrücken sucht. In Frankreich konnte er, wenn auch diskret, seine Vorlieben ohne größere Probleme ausleben, doch in Brasilien, wohin er vor drei Monaten zurückgekehrt ist, hat er sich bemüht –

und bis jetzt ist es ihm gelungen –, sich von allen Verlockungen fernzuhalten, die ihn vor dieser Provinzgesellschaft kompromittieren könnten, in der er gern als professioneller Künstler seinen Platz finden möchte. Er ist zweiunddreißig Jahre alt, und sein anderthalbjähriger Aufenthalt in Europa hat ihn einige Unterschiede zwischen den Hoffnungen, die er hegte, als er das Stipendium bekam, und der unbarmherzigen Realität des Kunstbetriebs erkennen lassen.

Doch die Szene, die sich ihm darbietet, scheint ihn mit absoluter Authentizität in den Strudel einer untrennbar mit dem Leben verbundenen Kunst zu schleudern. Was seine Augen erblicken, ist eine Art Madame Bovary der Tropen, die sich ihm in einem extremen Moment ihres Lebens hingibt – und auch seines Lebens, denn er ist zutiefst bewegt, als er sich wie einen Mann reagieren sieht, so sehr verzückt ihn diese Situation, die eine Anwaltskanzlei, das beinahe heimliche Betrachten von Reproduktionen und eine verheiratete Frau einschließt, die sich in einem Kostüm aus langem Rock, Stiefeln, langen Strümpfen und Handschuhen für ihn entblößt.

Voller Euphorie verwandelt Lucas de Paula sich in diesem Moment in jemanden mit der sexuellen Orientierung eines Egon Schiele, und nachdem er hastig seine Kleidung eines europäisch verfeinerten Cariocas ausgezogen hat, zeigt er sich nackt vor Eduarda und vor sich selbst, fast wie eine Frau, verliebt in den Mann in sich und in seinen großen, harten Penis, den er mit drei Schritten Eduarda nähert und den sie in den Mund steckt, so tief es geht, er stehend und sie sitzend, in einer Haltung völliger Demut.

Als sie merkt, dass Lucas gleich kommen wird, dreht sie das Gesicht zur Seite und bringt ihn, indem sie ihm die Hände auf die Schultern legt, dazu, sich vor sie hinzuknien. Dann nimmt sie seinen Kopf und zieht ihn an ihren Schoß heran.

»Küss mich«, sagt Eduarda. »Betrachte mich genau und küss mich, denn heute bin ich eine verdorbene Närrin, ich biete mich an wie das Modell deines geliebten Malers.«

Lucas küsst sie, ja, und fühlt, dass er, zumindest an diesem Nachmittag, dazu fähig ist, dass sein Begehren nicht nachlässt. Er entdeckt, dass jener Teil seines Körpers eine männliche Seite hat, die unter besonderen Umständen zutage treten kann. Lucas spürt, wie Eduarda sich dem Orgasmus nähert. Bevor das geschieht, steht er auf und drückt sie sanft, aber entschieden auf das Sofa. Danach legt er sich auf sie und dringt tief in sie ein, verliert sich in dieser Frau, die nur den Rock hochgezogen und die Bluse, die Stiefel, die Strümpfe und die Handschuhe angelassen hat, eine notwendige Voraussetzung, wie sie intuitiv wusste, damit ihrer beider Feuer weiter brennt. Und an dieser Stelle, während Eduarda und Lucas auf den Höhepunkt zusteuern, halten wir die Geschichte an, unterbrechen wir unser Gedankenspiel über eine auf jener Fotografie des Stadtzentrums von Rio de Janeiro am Ende des dritten Jahrzehnts des zwanzigsten Jahrhunderts festgehaltene Statistin und lassen Eduarda so zurück, gleichfalls in der Zeit erstarrt und in diesen Zeilen einen ewigen Orgasmus genießend.

übersetzt von Enno Petermann

CARLOS DRUMMOND DE ANDRADE

Weites Herz

Es war in Rio.
Ich ging durch die Avenida gegen Mitternacht.
Brustspitzen Lichtblitze unzählige Sterne.
Das Versprechen des Meeres war da
und Straßenbahnen bimmelten,
die Hitze mildernd,
die im Wind wehte
und der Wind kam aus Minas.

Meine paralytischen Träume Lebensüberdruss
(Leben ist Todesverlangen für mich)
machten einen Leierkastenmann aus mir
unerschütterlich
in der heißen heißen Galeria Cruzeiro
und da ich keinen kannte bis auf den lauen
Minaswind,
wollte ich nichts trinken und sagte: Lass uns
aufhören damit.

In der Stadt aber flimmerte Faszination hohe Häuser
offene Wagen auf dem Weg zum Meer
hitzig schweifende Sinnenlust
tausend Geschenke des Lebens an die gleichgültigen
Menschen,
mein Herz schlug heftig, meine unnützen Augen
weinten.

Das Meer schlug in meiner Brust, schlug schon
nicht mehr am Kai.
Die Straße endete, wo sind die Bäume? die Stadt
bin ich
die Stadt bin ich
ich bin die Stadt
meine Liebe.

übersetzt von Inés Koebel

CLARICE LISPECTOR

Die Suche nach einer Würde

Frau Jorge B. Xavier hätte einfach nicht zu sagen gewusst, wie sie hineingekommen war. Durch eines der Haupttore jedenfalls nicht. Leicht verträumt kam es ihr so vor, als sei sie durch eine Art schmale Öffnung in den Trümmern einer halbfertigen Baustelle eingedrungen, habe sich von der Seite durch ein Loch gezwängt, das nur für sie bestimmt war. Tatsache ist, dass sie, als sie es merkte, schon drinnen war. Und als sie es merkte, begriff sie, dass sie schon unglaublich tief hineingeraten war. Endlos irrte sie durch die unterirdischen Gänge des Maracanã-Stadions, zumindest kamen sie ihr so vor wie enge Höhlen, die zu verschlossenen Räumen führten, und sobald sich die Räume öffneten, war da nur ein Fenster, das dem Stadion zugewandt war – welches, zum Bersten leer um diese Zeit, an diesem Tag mitten im Winter im Licht einer stechenden, ungewöhnlich heißen Sonne flimmerte.

Also folgte Frau B. Xavier einem dunklen Gang. Dieser führte sie wiederum zu einem anderen noch dunkleren. Sie hatte das Gefühl, die Decke der unterirdischen Gänge sei niedrig.

Und dann führte dieser Gang sie zu einem weiteren, der sie seinerseits zum nächsten führte. Sie bog um eine Ecke des verlassenen Gangs. Und kam an eine andere Ecke. Die sie zu einem anderen Gang leitete, der bis zu einer anderen Ecke führte. Dann fuhr sie automatisch fort, in Gänge einzubiegen, die stets in neue Gänge mündeten. Wo war bloß der Saal der Eröffnungsveranstaltung? Denn dort sollte sie die Leute treffen, mit denen sie verabredet war. Die Konferenz hatte möglicherweise schon begonnen. Sie würde sie verpassen, sie, die solche Anstrengungen machte, um sich nichts *Kulturelles* entgehen zu lassen, denn so hielt sie sich von innen jung, zumal ihr selbst von außen keiner ansehen konnte, dass sie schon fast siebzig war, alle hielten sie für ungefähr siebenundfünfzig.

Doch nun, verloren in den verborgenen und dunklen Mäandern des Maracanã, schleppte Frau B. Xavier sich schwerfüßig dahin wie eine Alte.

Genau in dem Augenblick traf sie in einem Gang unvermittelt einen Mann, der aus dem Nichts aufgetaucht war und den sie nach der Konferenz fragte, von der er vorgab, nichts zu wissen. Doch dieser Mann bat einen zweiten Mann um Auskunft, der auch plötzlich aus der Biegung eines Ganges aufgetaucht war.

Dieser zweite Mann erzählte, er habe in der Nähe der rechten Tribüne, mitten im Stadion, »zwei Damen, eine davon in Rot, und einen Herrn« gesehen. Frau Xavier bezweifelte, dass dies die Gruppe war, mit der sie vor Beginn der Konferenz verabredet war, und in Wirklichkeit hatte sie den Grund, weshalb sie, ohne je wieder haltzumachen, weiterging, schon längst vergessen. Wie dem auch sei, sie folgte dem Mann ins Stadion, wo sie geblendet in dem hohlen Raum klaffenden Lichts und offener Stummheit stehenblieb, in diesem nackten, ausgeweideten Stadion ohne Ball noch Fußball. Vor allem ohne Menschenmengen. Es gab eine Menge, die aufgrund der Leere ihrer absoluten Abwesenheit existent war.

Waren die zwei Damen und der Herr schon auf einem der Gänge verschwunden?

Da sagte der Mann äußerst herausfordernd: »Hören Sie, ich werde diese Leute für Sie suchen und werde sie finden, egal wie, sie können sich doch nicht in Luft aufgelöst haben.« Und in der Tat sahen die beiden sie ganz weit hinten. Eine Sekunde später waren sie wieder verschwunden. Es war wie ein Kinderspiel, in dem erstickte Lachsalven Frau Jorge B. Xavier verhöhnten.

Da bog sie mit dem Mann in andere Gänge ein. Dann verschwand auch dieser Mann an einer Ecke.

Sie hatte die Konferenz, die ihr im Grunde ziemlich egal war, bereits abgeschrieben. Wenn sie nur diesem Gewirr endloser Gänge entkäme. Gab es denn keinen Ausgang? Ein Gefühl, als wäre sie in einem Aufzug zwischen zwei Etagen steckengeblieben, überkam sie. Gab es keinen Ausgang? Da fiel ihr auf einmal die Beschreibung der Freundin am Telefon ein: »... es ist nicht sehr weit vom Maracanã-Stadion entfernt.« Durch die Erinnerung daran begriff sie ihren Irrtum, typisch für ihr verträumtes und zerstreutes Wesen, denn sie hörte die Dinge nur zur einen Hälfte, die andere blieb verschüttet. Frau B. Xavier war sehr unachtsam. Sie sollten sich also nicht im Stadion selbst, sondern nur in der näheren Umgebung desselben treffen. Doch ihr geringes Schicksal hatte es gewollt, dass sie sich im Labyrinth verlor.

Ja, genau da ging der Kampf noch erbitterter weiter: Sie wollte mit aller Gewalt dort heraus und wusste weder wie noch auf welchem Weg.

Der Mann, der die Leute suchte, erschien nun von Neuem auf dem Gang, und von Neuem versicherte er ihr, dass er sie finden werde, koste es, was es wolle, denn sie konnten sich doch nicht in Luft aufgelöst haben. Er sagte wörtlich:

»Die Leute können sich doch nicht in Luft aufgelöst haben!«

Frau Xavier wandte sich an ihn:

»Bitte, bemühen Sie sich nicht weiter, ja? Vielen Dank, ja? Denn der Ort, wo ich die Leute treffen soll, ist gar nicht hier im Maracanã.«

Abrupt blieb der Mann stehen und sah sie verblüfft an: »Ja, und was machen Sie dann in Gottes Namen hier?«

Sie wollte erklären, dass solche Dinge in ihrem Leben des Öfteren vorkamen, es war eben so, wusste aber nicht einmal, was sie mit »eben so« oder mit »ihrem Leben« sagen wollte, sodass sie ihm die Antwort schuldig blieb. Der Mann wiederholte seine Frage teils misstrauisch, teils vorsichtig: Was also suchte sie hier? Nichts, kam es der Frau in den Sinn, sie war schon nahe daran, vor Müdigkeit umzufallen. Doch sie antwortete ihm nicht, ließ ihn in dem Glauben, sie sei verrückt. Außerdem versuchte sie niemals, sich zu erklären. Sie wusste, dass der Mann sie für übergeschnappt hielt – und wer hätte es leugnen können? –, denn empfand sie nicht etwa das, was sie verschämt »dieses Etwas« nannte? Obwohl sie wusste, dass ihre sogenannte geistige Verfassung mindestens ebenso gut war wie ihre körperliche Verfassung. Eine körperliche Verfassung, die mittlerweile total angeschlagen war, denn sie schleppte die von vielen Jahren des Weges zerschundenen Füße durch das Labyrinth. Ihr Kreuzweg. Sie hatte dicke Wollsachen an und war schon halb erstickt und in Schweiß gebadet wegen der unerwarteten Hitze dieses sommerlichen Höhepunktes, dieses Sommertages inmitten eines lädierten Winters. Die Beine taten ihr weh, sie schmerzten unter dem Gewicht des alten Kreuzes. Irgendwie hatte sie sich schon damit abgefunden, nie mehr aus dem Stadion herauszukommen und dort drinnen erschöpften Herzens zu verenden.

Da, wie immer, ging das Gewünschte, als sie es endlich aufgegeben hatte, in Erfüllung. Denn plötzlich durchzuckte sie ein Gedanke: »Was bin ich doch für eine närrische alte Frau.« Warum versuchte sie nicht, anstatt weiter nach Leuten zu suchen, die gar nicht da waren, den Mann zu finden und ihn zu fragen, wie man aus diesen Gängen herausfand? Denn was sie wollte, war nichts weiter, als herauszukommen, und nicht, sich mit irgendwelchen Leuten zu treffen. Endlich stieß sie, als sie an einer Kreuzung abbog, auf den Mann. Und mit einer Stimme, die vor Müdigkeit und der Angst, sich einer irrigen Hoffnung hinzugeben, rau und etwas zittrig war, sprach sie ihn an. Der misstrauische Mann stimmte ihr eilends zu, es sei wirklich besser, sie ginge nach Hause, und bemerkte vorsichtig: »Ich glaube, Sie sind etwas durcheinander, vielleicht liegt es an der Hitze.«

Nachdem es heraus war, nahm der Mann mit ihr einfach den erstbesten Gang, und als sie um die Ecke bogen, waren zwei breite, offene – Tore zu sehen. So mir nichts, dir nichts? Einfach so?

Einfach so.

Da dachte Frau B. Xavier, ohne zu einem Schluss zu kommen, nur für sie wäre es zu einem Ding der Unmöglichkeit geworden, den Ausgang zu finden. Frau Xavier war nur ein wenig befremdet und gleichzeitig damit vertraut. Bestimmt musste jeder Einzelne unaufhaltsam den eigenen Weg gehen, das war Teil des Schicksals, von dem sie nicht wusste, ob sie daran glaubte oder nicht.

Ein Taxi fuhr vorbei. Sie hielt es an und sagte, ihrer Stimme, die immer älter und müder wurde, Festigkeit verleihend: »Also, junger Mann, die Adresse weiß ich nicht mehr so genau, ich hab sie vergessen. Aber ich weiß, dass das Haus in einer Straße ist – genau erinnere ich mich nicht, aber eine mit ›Gusmão‹, und sie stößt auf eine andere Straße, die, wenn ich mich nicht irre, Coronel-Sowieso heißt.«

Der Fahrer war geduldig wie mit einem Kind:

»Nur keine Panik, seien Sie unbesorgt, wir suchen uns in aller Ruhe eine Straße, die in der Mitte ein ›Gusmão‹ und am Ende ein ›Coronel‹ hat«, sagte er, indem er sich lächelnd umdrehte und ihr dann derart vertraulich zuzwinkerte, dass es fast anzüglich aussah. Beim Losfahren holperte das Taxi so stark, dass es ihr die Eingeweide durchschüttelte.

Auf einmal erkannte sie die Leute, die sie suchte, wie sie vor einem großen Haus auf dem Bürgersteig zusammenstanden. Es schien nun, als käme es darauf an, dort hinzukommen und nicht den Vortrag zu hören, der mittlerweile völlig vergessen war, denn Frau B. Xavier hatte ihr Ziel aus den Augen verloren. Und wusste nicht, im Namen wessen sie so endlos umhergeirrt war. Nun merkte sie, dass sie sich über die eigenen Kräfte hinaus strapaziert hatte, und wollte nichts wie weg, die Konferenz war ein

Albtraum. Da bat sie eine wichtige, ihr nur flüchtig bekannte Dame, die einen Wagen mit Chauffeur besaß, sie möge sie nach Hause bringen lassen, denn sie fühle sich bei dieser seltsamen Hitze nicht wohl. Der Chauffeur sei erst in einer Stunde zurück. Da setzte Frau Xavier sich auf einen Stuhl, den man ihr auf den Flur gestellt hatte, steif saß sie da in ihrem engen Hüfthalter, ausgeschlossen von der Kultur, die sich hinter verschlossenen Türen vorne im Saal abspielte. Aus dem auch nicht ein Laut drang. Was ging sie die Kultur an. Da saß sie nun im Labyrinth der 60 Sekunden und 60 Minuten, die sie zu einer Stunde geleiten würden.

In diesem Augenblick erschien die wichtige Dame und sagte Folgendes: Der Wagen warte an der Tür, sie müsse ihr allerdings sagen, dass sie, da der Fahrer Bescheid gesagt habe, es würde ziemlich lange dauern, das erstbeste Taxi angehalten habe, da es ihr, Frau Xavier, nicht besonders gut ginge.

Wieso war sie nicht selbst auf den Gedanken gekommen, ein Taxi anzuhalten, anstatt sich den Mäandern der Wartezeit auszuliefern? Daraufhin bedankte Frau Xavier sich äußerst höflich. Sie war immer sehr höflich und korrekt. Sie stieg in das Taxi ein und sagte:

»Nach Leblon, bitte.«

Ihr Hirn war völlig leer, der ganze Kopf kam ihr vor wie ein nüchterner Magen.

Etwas später merkte sie, dass sie eine Kurve nach der anderen drehten, aber immer wieder zum gleichen Platz zurückkehrten. Wieso kamen sie nicht vom Fleck? Gab es schon wieder keinen Ausweg? Der Taxifahrer gab schließlich zu, er kenne sich im Süden der Stadt nicht aus, er arbeite nur im Norden. Und sie wusste nicht, wie sie ihm den Weg erklären sollte. Das Kreuz der Jahre lastete immer schwerer auf ihr, und das erneute Fehlen eines Auswegs erneuerte nur die schwarze Magie der Gänge des Maracanã. Es gab keine Möglichkeit, diesen Platz zu verlassen!

Da meinte der Fahrer, sie solle lieber ein anderes Taxi nehmen, und er winkte sogar selbst eines, das gerade vorbeifuhr, herbei. Sie bedankte sich in angemessener Form, ihr Verhalten war immer sehr formvollendet, selbst Leuten gegenüber, die sie gut kannte. Außerdem war sie ein sehr liebenswürdiger Mensch. In dem zweiten Taxi sagte sie ängstlich: »Wenn es Ihnen nichts ausmacht, nach Leblon, bitte.«

Ohne große Umstände ließen sie den Platz hinter sich und bogen in unbekannte Straßen ein. Es geschah in dem Augenblick, als sie den Schlüssel ins Schloss ihrer Wohnungstür steckte, dass sie sich in Gedanken einbildete, sie hätte Lust, laut aufzuschluchzen. Doch sie gehörte nicht zu denen, die weinten und klagten. Beiläufig sagte sie der Hausangestellten, sie werde keine Anrufe entgegennehmen. Sie ging direkt ins Schlafzimmer, zog sämtliche Kleider aus, schluckte ohne Wasser eine Tablette und wartete, bis diese ihre Wirkung tat.

In der Zwischenzeit rauchte sie. Ihr fiel ein, dass dies ein Tag im August war, und der Monat August, sagte man, bringe Unglück. Doch eines Tages würde der September als Ausweg kommen. Und aus irgendeinem Grund war September der Monat Mai: ein leichterer und durchsichtigerer Monat. Während sie vage daran dachte, wurden ihre Lider endlich schwer, und sie schlief ein.

Als sie Stunden später aufwachte, sah sie, dass ein eisiger Nieselregen fiel, es war messerschneidenkalt. Nackt in ihrem Bett fror sie. Da kam es ihr recht merkwürdig vor, eine Alte, die nackt war. Sie erinnerte sich, dass sie sich vorgenommen hatte, ein Wolltuch zu kaufen. Sie sah auf die Uhr: Die Läden hatten noch auf. Sie nahm ein Taxi und sagte:

»Nach Ipanema, bitte schön.«

Der Mann fragte:

»Wohin wollen Sie? Zum Jardim Botânico?«

»Nach Ipanema, bitte«, wiederholte Frau Xavier ziemlich überrascht. Die Absurdität eines totalen

Missverständnisses: Denn was konnten Wörter wie *Ipanema* und *Jardim Botânico* wohl gemein haben? Und von Neuem dachte sie flüchtig, »ihr Leben sei eben so«.

Schnell erledigte sie den Einkauf, dann stand sie wieder auf der Straße, ohne dass sie etwas zu tun gehabt hätte. Denn Herr Jorge B. Xavier war am Tag zuvor nach São Paulo gefahren und würde erst am nächsten Tag zurückkommen. Etwas später, als sie wieder zu Hause war, vor die Wahl gestellt, eine zweite Schlaftablette zu nehmen oder irgendetwas anderes zu tun, entschied sie sich für die zweite Möglichkeit, denn ihr fiel ein, dass sie nun die Suche nach dem verlorenen Wechsel wiederaufnehmen konnte. Das wenige, was sie verstand, war, dass dieses Stück Papier Geld wert war. Vor zwei Tagen hatte sie die ganze Wohnung danach abgesucht, selbst die Küche hatte sie nicht ausgelassen, doch vergeblich. Jetzt kam ihr der Gedanke: Ja, vielleicht unterm Bett, wieso eigentlich nicht? Ja, vielleicht unterm Bett. Da kniete sie sich auf den Boden. Doch bald wurde es ihr zu unbequem, sich mit dem vollen Gewicht auf die Knie zu stützen, und sie nahm ihre beiden Hände zu Hilfe.

Plötzlich merkte sie, dass sie auf allen vieren kroch.

Eine Zeitlang verharrte sie in dieser Stellung, vielleicht sann sie über etwas nach, vielleicht aber auch nicht. Möglicherweise hatte Frau Xavier es satt, ein Menschenwesen zu sein. Nun war sie eine vierbeinige Hündin. Ohne jede Würde. Verloren der letzte Stolz. Auf allen vieren, vielleicht über etwas nachsinnend. Aber unter dem Bett lag nur Staub.

Unter großer Anstrengung bewegte sie ihre steifen Gelenke, stand auf und sah, dass es nichts weiter zu tun gab, als realistisch – und die Realität zu sehen bedeutete für sie eine beschwerliche Anstrengung –, als realistisch einzuräumen, dass der Wechsel verloren war und ihn weiter zu suchen bedeuten würde, nie mehr dem Maracanã zu entkommen.

Und – wie immer, wenn sie es aufgegeben hatte, weiterzusuchen – als sie das Schublädchen mit den Taschentüchern aufzog, um sich eins herauszunehmen, lag dort der Wechsel.

Erschöpft vom Herumkriechen auf allen vieren, setzte sich die Frau dann aufs Bett und begann leise und gedankenlos vor sich hin zu weinen. Es hörte sich fast wie ein arabischer Singsang an. Seit dreißig Jahren hatte sie nicht geweint, aber jetzt war sie so schrecklich müde. Falls dies überhaupt ein Weinen war. Es war es nicht. Es war irgendetwas. Schließlich schnäuzte sie sich. Dann dachte sie Folgendes: Sie würde das »Schicksal« beeinflussen und ein bedeutenderes Schicksal erlangen. Wo ein Wille ist, ist auch ein Weg, dachte sie ohne jede Überzeugung. Und das mit den Gebundensein an ein Schicksal war ihr durch den Kopf gegangen, weil sie, ohne es zu wollen, schon begonnen hatte, an »dieses Etwas« zu denken.

Aber dann geschah es, dass Frau Xavier auch Folgendes dachte: Es war zu spät, um ein Schicksal zu erlangen. Sie dachte, dass sie gerne bereit wäre, jede Art von Tausch mit einem anderen Wesen einzugehen. Da wurde sie sich bewusst, dass sie niemanden hatte, mit dem sie hätte tauschen können: Was immer sie auch sein mochte, sie war sie selber und konnte sich nicht in ein anderes Einzelwesen verwandeln. Jeder Einzelne war einzig. Frau Jorge B. Xavier war es auch.

Doch all das, was ihr widerfahren war, war noch besser, als »dieses Etwas« zu spüren. Und es kam mit seinen langen Gängen ohne Ausgang. »Dieses Etwas« war jetzt ohne jede Spur von Scham der schmerzliche Hunger ihrer Eingeweide, der Hunger, von dem unerreichbaren Fernsehstar besessen zu werden. Keine einzige seiner Sendungen ließ sie aus. Dann, zumal sie sich nicht daran hatte hindern können, an ihn zu denken, blieb ihr nichts anderes übrig, als sich an ihn denken zu lassen und sich das jungmädchenhafte Gesicht Roberto Carlos', *mon amour*, ins Gedächtnis zu rufen.

Sie ging sich die staubbedeckten Hände waschen und sah sich im Spiegel über dem Waschbecken. Da fasste Frau Xavier folgenden Gedanken: »Wenn ich es will, wirklich mit aller Kraft will, dann wird er mir gehören, zumindest für eine einzige Nacht.« Irgendwie glaubte sie an die Kraft des Willens. Wieder verfing sie sich in dem Begehren, das verwickelt und erstickt war.

Doch, wer weiß? Wenn sie auf Roberto Carlos verzichtete, würden die Dinge zwischen ihm und ihr vielleicht ins Rollen kommen. Frau Xavier dachte ein wenig darüber nach. Da tat sie listig so, als würde sie auf Roberto Carlos verzichten. Aber sie wusste sehr wohl, dass der magische Verzicht nur positive Ergebnisse zeitigte, wenn es wahrer Verzicht war und nicht nur ein Trick, um etwas zu erreichen. Die Wirklichkeit verlangte viel von Frau Xavier. Sie musterte sich im Spiegel, um festzustellen, ob ihr Gesicht unter den Auswirkungen ihrer Gefühle animalische Züge bekäme. Doch es war ein stilles Gesicht, das schon seit Langem aufgehört hatte widerzuspiegeln, was sie fühlte. Ihr Gesicht hatte übrigens nie etwas anderes ausgedrückt als gute Erziehung. Und im Augenblick war es nichts weiter als die Maske einer siebzigjährigen Frau. Da kam ihr dieses zart geschminkte Gesicht vor wie das Gesicht eines Clowns. Lustlos rang sie sich ein Lächeln ab, um zu sehen, ob es besser würde. Es wurde nicht besser.

Äußerlich – das sah sie im Spiegel – war sie ein trockenes Etwas, wie eine trockene Feige. Doch innerlich war sie keineswegs ausgetrocknet. Ganz im Gegenteil. Innerlich war sie wie feuchtes Zahnfleisch, genauso weich wie zahnloses Zahnfleisch.

Da suchte sie einen Gedanken, der sie entweder mit Geist durchdringen oder ein für allemal austrocknen sollte. Doch geistvoll war sie nie gewesen. Und wegen Roberto Carlos war die Frau eingebettet in das Dunkel der Körperlichkeit, worin sie zutiefst anonym war.

Sie stand im Badezimmer und war so anonym wie ein Huhn. Während des Bruchteils einer flüchtigen, nahezu unbewussten Sekunde leuchtete ihr ein, dass alle Menschen anonym sind. Denn niemand ist der andere, und der andere kennt den anderen nicht. Dann also – dann also war der Mensch anonym. Und nun war sie in diesen tiefen tödlichen Brunnen gefallen, in die Rebellion des Körpers. Eines Körpers, dessen Grund nicht zu sehen war und der aus der Finsternis ihrer dunklen, bösartigen Instinkte bestand, die so lebendig waren wie Eidechsen und Mäuse. Und alles außerhalb der Zeit, eine Frucht außerhalb der Saison? Wieso hatten ihre Altersgenossinnen sie nicht gewarnt, dass einem das bis zum Ende passieren konnte? Sicher hatte sie die lüsternen Blicke der alten Männer gesehen. Aber die der alten Damen nicht. Außerhalb der Saison. Und sie so lebendig, als wäre sie noch jemand, sie, die sie niemand war.

Frau Jorge B. Xavier war niemand.

Da wollte sie schöne, romantische Gefühle hinsichtlich der zarten Züge Roberto Carlos' haben. Aber es gelang ihr nicht: Der Feingesichtige führte sie nur auf den dunklen Gang der Sinnlichkeit. Und das Unglück war diese Laszivität. Es war ein niederer Hunger: Sie wollte den Mund Roberto Carlos' verschlingen. Sie war nicht romantisch, in Liebesdingen war sie grob. Hier in diesem Bad, vor dem Spiegel über dem Waschbecken.

Mit ihrem unweigerlich befleckten Alter.

Ohne auch nur einen erhebenden Gedanken, der ihr als Steuer dienen und ihre Existenz veredeln konnte. Da fing sie an, ihren Haarknoten zu lösen und sich langsam die Haare zu kämmen. Sie musste sie wieder färben lassen, der weiße Ansatz war nicht mehr zu übersehen. Da dachte die Frau Folgendes:

In meinem Leben hat es nie einen Höhepunkt gegeben wie in den Geschichten, die man liest. Der Höhepunkt war Roberto Carlos. Nachdenklich kam sie zu dem Schluss, dass sie genauso heimlich sterben würde, wie sie heimlich gelebt hatte. Aber sie wusste auch, dass ein jeder Tod geheim war.

Aus der Tiefe ihres zukünftigen Todes heraus bildete sie sich ein, die begehrte Gestalt Roberto Carlos' im Spiegel zu sehen, mitsamt der seidigen Locken, die sein Gesicht umrahmten. Da stand sie, im Bann ihres Begehrens außerhalb der Saison, genau wie dieser Sommertag mitten im Winter. Im Bann der verwinkelten Gänge des Maracanã-Stadions. Im Bann des tödlichen Geheimnisses älterer Frauen. Nur dass sie nicht daran gewohnt war, schon beinahe siebzig zu sein, es mangelte ihr an Praxis, und sie hatte nicht die geringste Erfahrung.

Da sagte sie laut und ganz allein:

»Mein kleiner süßer Roberto Carlos.«

Und fügte noch hinzu: »Liebster.« Sie hörte ihre Stimme mit Befremden, so als beichtete sie zum ersten Mal und ohne jegliche Scham oder Schuldgefühle das, was doch ohne Zweifel beschämend sein musste. Die Frau dachte versponnen, dass der süße Roberto ihre Liebe möglicherweise nicht annehmen würde, denn ihr selbst war klar, dass diese Liebe viel zu sentimental, schmalzig und gefräßig war. Und Roberto Carlos schien so enthaltsam, so geschlechtslos.

Ob ihre leicht geschminkten Lippen noch küssbar waren? Oder war es vielleicht ekelerregend, den Mund einer Alten zu küssen? Sie prüfte ihre Lippen aus nächster Nähe und völlig ungerührt. Und ebenso ungerührt sang sie leise den Refrain des berühmtesten Liedes von Roberto Carlos: »In diesem kalten Winter sei du mein Schal, und der Rest der Welt ist mir egal.«

Just in diesem Augenblick beugte sich Frau Jorge B. Xavier plötzlich über das Waschbecken, als müsse sie alles, was sie im Leib hatte, herauswürgen, und unterbrach ihr Leben mit einer zerfleischenden Lautlosigkeit: Es! muss! doch! einen! Ausweg! geeeeeeeben!

übersetzt von Sarita Brandt

ADRIANA LUNARDI
Clarice

Vom Balkon zeigt er auf den spitzen Felsen und die Hütten, die sich den Hang hinaufdrängen.

Wie ein Lehrer gibt er jedem Ding seinen Namen und schärft meinen Blick für die Dinge, die er liebt. Das ist der Morro Dois Irmãos; daneben die Favela da Rocinha. In der Schwingung der Stimme, im Aufeinanderprallen der Gesprächsthemen, der Drang, sich zu offenbaren. Das angstvolle Verlangen nach der Rolle, die er während des ganzen Lebens (zumindest meines Lebens) vermieden hat anzunehmen. Die, mein Vater zu sein.

Ich hatte mich noch nicht entschieden, wie ich ihn nennen sollte. Für meine Mutter und mich war er einfach immer *er* gewesen, das Pronomen stand für ein Subjekt, den einzig wichtigen Mann in meinem Leben. Vater ist ein Wort, das ich nie benutzen musste – ich hatte schon Zähne, als ich lernte, wie man es ausspricht –, und Otávio klingt schlicht und einfach nach mehr Intimität, als ich bieten kann. Der Trick ist, sich neutral zu duzen und der Anrede jedes Mal auszuweichen, wenn sie direkter sein muss.

Da liegt Leblon, daneben Ipanema und rechts auf dem Corcovado, das weißt du, steht die Christus-Statue. Wie ein Feudalherr präsentiert er mir die Viertel und Berge und guckt unauffällig zu mir herüber, wartet auf eine Reaktion. Dabei beobachtet er mich die ganze Zeit, sucht in meinem Gesicht nach den Ähnlichkeiten, die alle Verwandten bei ihren Nachkommen suchen. Wer weiß, vielleicht findet er in der Form der Augen, der Art zu lächeln einen unwiderlegbaren, körperlichen Beweis, dass wir wirklich Vater und Tochter sind.

In meinem Kopf fügt sich nichts zusammen. Die Gedanken nehmen Reißaus, ehe ich sie fassen kann.

Es sind so viele Informationen auf einmal, und ich habe noch nichts gegessen, was mein Unwohlsein verschlimmert. Und dann ist da noch diese Güte in seinem Blick, die alles mit einer Zuckerglasur überzieht.

Ich war kurz vor dem Erbrechen, als das Dienstmädchen sagte, dass das Frühstück serviert würde.

Es gibt keine unangenehmere Stille als die, wenn sich zwei Personen gegenübersitzen und nichts haben, worüber sie sich unterhalten können, oder andersherum, sich so viel zu sagen haben, dass sie nicht wissen, wo sie anfangen sollen, ohne schreiend davonzulaufen. Ein wenig Gewalt gehört zu mir. Ich fahre meine Krallen aus, wenn man mich in die Ecke drängt. Davon zeugt die unauffällige, aber nicht zu überdeckende Narbe auf dem linken Augenlid meiner Sandkastenfreundin Cris. Doch seit ich lesen und schreiben kann, übertrug ich diese Aggressivität auf Worte, die langsamer vernarben als Kratzer. Das ist wohl mein Beitrag an diesen Mann, der das einmal betretene Eis abtastet, während er das Fruchtfleisch bis auf die Rinde aus der Papaya schält. Ich kann ihn zerstören, ich spüre die Kraft in mir. Die Kraft einer Wilden aus der Höhle, die ihre eigenen Triebe nicht beherrschen kann.

Unaufhörlich sucht er nach Spuren, indem er mich Sachen fragt, die man Kinder eben fragt: ob ich gut in der Schule bin, was mein Lieblingsfach ist, meine Lieblingsband. Er möchte alles von mir wissen, zwischen einem Löffel Marmelade und dem Biss ins Brot. Die Zusammenfassung genügt.

Ja, antworte ich auf die erste Frage, Portugiesisch auf die zweite und Mutantes auf die letzte, alles in einem Atemzug, und hoffe, dass die Fragestunde damit beendet ist. Unaufgeregt denkt er kurz nach, nimmt den Rhythmus wieder auf und stellt Schlussfolgerungen an.

Mutantes? Ich dachte, dass die in deinem Alter keiner mehr kennt.

Ich hätte gerne die Gewissheit, dass er weiß, dass ich sechzehn Jahre alt bin. Nach meinem Äußeren sehe ich jünger aus. Mit zwölf habe ich aufgehört zu wachsen – und schon damals war ich die Kleinste in der Klasse –, sodass man mich häufig für ein Kind hält, zumal ein neugeborener Vater, der noch nie Geburtstagsgeschenke gekauft hat. Dass ich aussah wie ein böser Engel, erklärt vielleicht die großen Augen, die nicht wissen, was sie sagen sollen, wenn sie mich die zweite Tasse Kaffee leeren oder die zweite Zigarette des Tages anzünden sehen.

Ich puste den Qualm zur Seite, frage, ob es ihn stört. Er hält es wacker aus. Als höflicher Gastgeber erlaubt er mir, mich wie zu Hause zu fühlen, und fügt hinzu, auch gerade erst mit dem Rauchen aufgehört zu haben. Und dass er gedacht habe, dass meine Generation besser Bescheid wisse über die Gefahren des Rauchens.

Laster retten uns, liegt es mir auf der Zunge, aber ich ziehe es vor zu schweigen.

Zwischen Serviette und Mund steigert sich die Stille. Eine heikle Frage – eine von denen, bei denen man zuerst nachfühlt, die Schale öffnet, um zu sehen, ob sie gut ist – hält Otávios Stimme zurück, aber sie kommt. Welchen Ort in Rio de Janeiro ich als Erstes kennenlernen möchte?

Den Friedhof von Caju, antworte ich, ohne zu zögern.

Gut. Wird gemacht. Ich bin ein schwieriges Mädchen. Eine von denen, die ihre Eltern dazu bringen, die Ellbogen in den Schreibtisch zu bohren und sich Zeige- und Mittelfinger an die Schläfen zu halten, während die Daumen den Unterkiefer stützen und der bestürzten Miene den letzten Schliff geben.

Der Lachanfall von Penha, die den Frühstückstisch abräumt, erfüllt plötzlich den Raum.

In dieser Stadt gibt es so viele schöne Sachen zu sehen, und das Mädchen möchte zum Friedhof fahren. Ist das denn die Möglichkeit, Herr Otávio!

Otávio wird bleich und senkt die Augen auf den Tisch, verlegen, sich der Volkskritik der Tatsachen stellen zu müssen.

Bist du ein Gothic? Penha geht jetzt zu weit, verliert den Respekt. Das Wort, das sie aus der Telenovela kennt, ist das Sahnehäubchen ihrer Schilderungen im Kreise der Familie nach der Arbeit, ihrer Kommentare über das merkwürdige Mädchen des Chefs, das lieber den Friedhof von Caju als den Zuckerhut besichtigen möchte.

Das ausgelassene Gelächter verschwindet durch eine Schiebetür und hinterlässt Krümel auf der karierten Tischdecke und in der Luft eine leicht entflammbare Dunstwolke, die nach Waschbenzin riecht. Ich mache die Zigarette aus, fürchte mich vor Explosionen.

Zerknirscht, sage ich mit doppeldeutigem Tonfall, der genauso fragend wie vermutend klingt.

Ist es das, was du wolltest? Otávio sieht mir ins Gesicht, während die haarfeine Wut am schönen Anstrich der väterlichen Rede kratzt, das Gesicht verrunzelt vor Empörung. Er ist hier nicht unter Freunden, das sollte er wissen, aber er scheint es noch nicht verstanden zu haben. Das ist typisch für jemanden, der auf Fragen mit Gegenfragen antwortet. Ich ließ die Provokation in ihrem Todeskampf allein, bis der von Weitem kommende Lärm der Autos sie überrollte. Otávio wandte die Augen zum Himmel ab und seufzte.

Es kann gut sein, dass der Hass das höchste Gefühl ist, das uns verbindet. Wir haben letztendlich den gleichen Code, ich und dieser Kerl. Das sagt der DNA-Test. Der Rest der Geschichte, das Wie und Warum sind Löcher, die die zerbröselten Schilderungen meiner Mutter nur schlecht verschließen konnten. Kurz gesagt, sie war Otávio nicht treu genug gewesen, um ihn wegen der Herkunft des Embryos, den sie in sich trug, zu beruhigen. Die Zweifel ebneten den Weg für Kummer, Vorwürfe und alles

Weitere aus dem Lehrbuch der unvollkommenen Liebesbeziehungen. Zum Zeitpunkt meiner Geburt war niemand da, um bei der Entbindung Fotos zu schießen.

Manchmal reicht eine Entschuldigung aus, eine von denen, der nur die Zeit ihren Schliff gibt, um alles so kristallklar wie ein frischgeputztes Fenster aussehen zu lassen. Mitunter ist aber auch ein großer Schreck nötig, damit die Wahrheit ans Licht kommt. Um mich über meine Herkunft zu vergewissern, brauchte es eine Kombination beider Möglichkeiten: die Midlife-Crisis, die an die Tür zweier Expartner klopft, und eine Gesundheitsuntersuchung, die den Verdacht aufkommen lässt, dass ich meine Mutter bald verlieren würde. Seitdem habe ich gelernt, dass der Tod und seine unerbittliche Nähe absolute Ehrlichkeit von allen Beteiligten verlangt. Meine eingeschlossen.

Gehen wir ins Wohnzimmer?, lädt er mich ein und legt den Kopf auf die rechte Schulter, bevor er die Bewegung mit der linken Schulter wiederholt. Er musste den Kopf in seinem Leben wohl schon oft ausstrecken, um ihn nicht zu verlieren. Diese Wohnung zum Beispiel. Der mit Perserteppichen geschmückte Boden, das Funkeln des Glases und der Blick in die Natur vom Balkon aus, prächtig wie in einer Dokumentation auf *National Geographic*, stellen mit jedem Quadratmeter eine verkaufte Seele zur Schau.

Hat es dir hier gefallen? Er überrumpelt mich, während ich seine Schätze bestaune. Beim nächsten Mal werde ich vorsichtiger sein müssen. Ich hasse es, ohne Vorwarnung erwischt zu werden.

Schön. Und teuer. Das zweite Adjektiv platzte fast aus Versehen heraus, als stellte ich ein professionelles Gutachten über den Ort aus.

Ich habe lange gebraucht, um das zu erreichen, verteidigt sich Otávio und zählt die Tugenden auf, die man braucht, um sich ein Imperium aufzubauen. Harte Arbeit, Ehrgeiz, Hartnäckigkeit. Die

Auslassungspunkte in seinem Vortrag lassen die Liste offen und erwecken den Eindruck, er hätte noch mehr. Auch ein bisschen Glück, sinniert er und wirft mit dem Glitter der Bescheidenheit um sich, um einen guten Eindruck zu hinterlassen.

Du arbeitest in der Werbebranche, sagt Mama.

Internet. Bei einem Provider. Eine große Verantwortung.

Verantwortung, er? Das Lachen bricht nur so aus mir heraus. Das konnte nur ein Witz sein. Otávio tut so, als bemerke er die Ironie nicht. Er will wissen, ob ich surfe, was für einen Rechner ich habe, mit wie viel Arbeitsspeicher.

Selten. Ich nutze Computer nur zum Schreiben.

Die Kinder meiner Freunde leben im Netz. Denen macht es Spaß. Du hast keine Lust?

Ich habe nicht gerne Spaß.

Zwar habe ich gerade ein Zitat benutzt, aber er würde nie darauf kommen. Der Schatten der Schuld raubt ihm den Verstand. Jeder Satz, den ich sage, kann eine Ungezogenheit vor seinen erhabenen väterlichen Absichten bedeuten, und alles, was er fürchtet, ist, dass das vierte Gebot, in tausend Stücke zerrissen, auf dem Fußboden liegt und die Teppiche beschmutzt, die so aussehen, als könnten sie fliegen.

Was machst du denn nun gerne?, sagt er herausfordernd, halb spöttisch, halb gereizt.

Lernen, antworte ich, die Stimme schwindet mit jeder Silbe, Schaum in der Meeresbrandung.

Also musst du gut in der Schule sein, seine Augen leuchten auf: endlich eine Bresche, ein Ansatz zu einem Gespräch. Ich habe mich bis zum Ende der Schule durchgemogelt, vertraut er mir sehr munter an. Ich hatte nie den Eindruck, dass mir jemand etwas beizubringen hätte und ... Er redet weiter, bis er sich in seiner eigenen Rede verliert. Ich nutze die Gelegenheit und schaue mich im Haus um.

Ob er wohl alleine wohnt? Ich suche auf den Tischen und Ablagen einen von diesen Bilderrahmen, auf denen geliebte Gesichter uns daran erinnern, wie wichtig wir sind, wenigstens zwei oder drei Fotos. Es gibt nur wenig Einrichtung. Fast nur Plastiken und ungewöhnliche Möbel aus irgendeinem fernen Land.

Das Meer!, erinnere ich mich. Ich muss herausfinden, ob es weit weg ist, ob ich zu Fuß zum Strand gehen und dort entlangspazieren kann, so lange, bis ich noch den unbekanntesten Ort hier kennengelernt habe.

Als er merkt, dass er mit sich selbst gesprochen hat, schweigt Otávio. Er beugt den Unterarm, fasst sich ans Handgelenk und springt auf.

Ich muss zur Arbeit. Danach haben wir das ganze Wochenende für uns. Penha leiste mir Gesellschaft, versichert er mir, für den Fall, dass ich runterlaufen, die Lagoa Rodrigo de Freitas aus der Nähe sehen möchte. Er wartet kurz und verschwindet im Gang.

Allein fühle ich mich unendlich wohler. Die Dinge fangen an, Sinn zu ergeben. Ich brauche Ruhe, um sie zu spüren, um zu verstehen, was sie bedeuten, ob ich sie mag oder nicht. Es dauert so lange, sich ans Neue zu gewöhnen, dass man meint, nicht genug Zeit dafür zu haben. Anstatt zu sagen »leben«, ein viel zu harmloses Verb für solch eine Anstrengung, sollte man sich anders ausdrücken: »Ich habe mich etwas verschrieben«, wie bei einer schweren Arbeit, die man den ganzen Tag lang mit Leib und Seele ausführt.

Otávio taucht wieder auf. Er hat sich umgezogen und das Haar gekämmt. Er ruft nach Penha und erteilt ihr Anweisungen, während er nach den Schlüsseln greift. Er hält eine Sekunde lang inne, sieht mich an und fragt, ob ich etwas brauche. Ich schüttle den Kopf. Er sagt, dass er zum Mittagessen zurückkomme, und klopft gegen die Tür. Der dumpfe Klang des Holzes stellt die alte Stille wieder her, doch jetzt liegt ein Moschusgeruch in der Luft.

Wo ist der Friedhof von Caju? Ich gehe in die Küche, wobei ich Penha erschrecke. Kann man zu Fuß hinlaufen?

Nein, kann man nicht, antwortet Penha. Er liegt da hinten, in der Gegend von São Cristóvão.

Ich zähle das Geld zwischen den Seiten eines Buches. Ich zeige Penha die Summe und frage, ob es für das Taxi reicht. Sie sagt, dass ich nicht allein losgehen solle.

Die Stadt ist gefährlich, du kennst dich nicht aus, Herrn Otávio wird das nicht gefallen.

Ich gehe schnell hinaus, Penha folgt mir bis zum Aufzug, sie droht damit, »deinen Vater« anzurufen, während sie mir unbekannte Heilige beschwört. Ich drücke auf den Knopf für das Erdgeschoss, vergewissere mich, dass ich den Stein dabeihabe, und verspreche, zum Mittagessen wieder zu Hause zu sein.

Ein Teil des Weges ist schön. Er führt an der Lagune entlang, erobert von Ruderern und Leuten, die Sport treiben wie an einem Feiertag. Das Taxi fährt in einen Tunnel, der so lang ist, dass es leichter scheint, das Ende der Welt zu erahnen als den blauen Himmel, der am Tunnelausgang wartet. Danach erstrecken sich die Brücken wie Zungen über die Gebäude hinweg und lassen das Auto über der Stadt fliegen. Weiter vorn, ein Vorstadtgrauton, niedrige Häuser, enge Straßen.

Im Schaufenster eines Geschäftes kündigt ein Blumenkranz an, dass wir bald da sind. Eine hohe Mauer begleitet ab jetzt den Wagen. Der Flügel eines Engels ragt über sie hinweg. Weiter vorn ein Kreuz. Das Taxi wird langsamer und parkt.

Der Jüdische Friedhof ist gleich da vorn, sagt der Fahrer. Dicht am Gehweg führt die Wand weiter und blockiert die Sicht. Ich lasse meine Finger über die raue Oberfläche streifen, bis ich mir die Haut aufschürfe. Unter der billigen Farbe kann ich die Kälte fühlen, so alt wie die Erde, sie offenbart die Seelen aller Mauern. Ich habe Lust, meinen Kopf daran anzulehnen, zuzulassen, dass die Gleichgültigkeit der Jahrhunderte die schnellen Schritte meines Herzens beruhigt, welches stets ein anderes oder aber endlich es selbst sein will, und es schlägt nur, um mich daran zu erinnern, dass es auf eine Entscheidung wartet.

Die Lichtundurchlässigkeit der Mauer wird schließlich von den Gittern eines Tores unterbrochen. An jedem der Torbögen weisen feine Eisenlanzen Richtung Himmel. Auf halbem Weg geben sie ihre vertikale Ausrichtung auf, um zwei Sterne mit sechs Zacken zu bilden, bevor sie zur vorherigen Geradlinigkeit zurückkehren und den Himmel durchstechen. Hinter ihnen prägen Reihen aus Betonplatten – lang und schmal wie Einzelbetten – das Gelände von Nord nach Süd.

Genau in der Mitte gibt der Hauptweg aus portugiesischem Mosaik der Ruhestätte ihre Struktur, indem er abwechselnd schwarze und weiße Wellen bildet.

Ein himmelblaues Dach bedeckt ihn wieder. Die Säulen erheben sich rechts und links und gipfeln in einem spitzen Giebel. Sie erinnern an die Häuser, die Kinder malen, nur aus Umrissen geformt und innen hohl. Hoch oben klammert sich eine Himmelsblume ans Holzgeflecht. (Sie ist zu jung, um zu verstehen, wieso sie hier ist, aber ihr düsteres Schicksal steht schon fest.)

Das unaufhörliche Weiß der Gräber hilft mir nicht zu entscheiden, welche Richtung ich einschlagen soll. Ich wähle die nächstliegende Reihe. In der Mitte anzufangen kann nicht sehr schlau sein, aber nachdem ich drei Reihen mit identischen Rechtecken abgegangen bin und die hebräischen Inschriften gelesen habe, stelle ich fest, dass es eine Ordnung nach Lebensdaten gibt oder aber dass besonders viele Leute 1968 gestorben sind.

Je weiter ich gehe, desto mehr schließt sich der Sog der Stille und verstärkt den Klang der Fußsohlen beim Zerstampfen des Bodens. Auch die Hitze steigt, und ich merke, dass ich mich verlaufen habe. Ich bleibe stehen, lausche mit mehr Aufmerksamkeit. Nichts rührt sich, außer eine von den

Sonnenstrahlen verwirrte Biene. Ich verharre, bis ein dumpfes, regelmäßiges Geräusch aus der Ferne meine Ohren erreicht.

Ich folge meinen Fußspuren zurück, und nachdem ich um mehrere Ecken gegangen bin und mich mehrmals verlaufen habe, sehe ich einen Maurer, der vor einer ausgehobenen Grube kniet. Vorsichtig komme ich näher, um zu vermeiden, dass er mich bemerkt. Der Mann dreht sich um und lässt eine halbgehobene Spitzhacke sinken. Ich grüße ihn. Er antwortet, den Zigarrenstummel im Mundwinkel, dann deutet er mit dem Kinn auf die Grube und sagt: Keine Angst. Ich bessere hier nur aus. Ich lächle, versuche Vertrauen auszustrahlen und frage, wo das Grab ist, das ich suche. Der Mann zeigt mit seinem vom Zement schmutzigen Spaten in die Richtung, aus der ich gekommen bin.

Geh hier weiter bis zur Rua G. Das ist die achte links.

Ich bedanke mich erleichtert und höre ihn, ihm schon abgewendet, fragen:

Gehörst du zur Familie, Mädel?

Ich drehe mich um, die Zunge schon an den Vorderzähnen und das *n* für *nein* schon auf den Lippen, als ein Einfall am Boden der Antwort wirbelt, sie vertagt.

Nein, ich war nicht Tochter, Nichte, Cousine. Mich verbindet kein genealogisches Band mit ihr, aber zu was für einer Familie könnte ich mich bekennen? Bis heute hatte ich keinen Vater, und wenn er auftaucht, verschwindet meine Mutter: eine zu banale Anordnung für die Einrichtung Familie; sie beleidigt die grundlegendsten Gesetze, die sie regeln. Nichts in meinem Leben bürgt für die elterlichen Verbindungen. Wenn ich eine Familie wollte, müsste ich sie selbst erschaffen. Eine enge Auswahl von Personen treffen und eine Gemeinsamkeit erfinden, die uns zusammenhält. Statt Blut etwa eine Verzweiflung beim Verstehen. Ja, könnte ich dann behaupten, dem Totengräber zurufen, dass Clarice mir näher war als irgendein anderes Wesen auf dieser Welt. Mit ihr hatte ich endlich etwas gemein. Etwas Wichtiges. Sie war jemand, der mir in die Augen blickte, und in diesem Blick lag das Geheimnis, das wir teilen. Ein Geheimnis, das nur in der Übereinkunft besteht, es zu kennen, wie alle Familiengeheimnisse. Sie nahm mir die Angst davor, den Verstand zu verlieren, nur weil das, was ich fühlte, noch keinen Namen hatte. Und sie ermunterte mich dazu, ich selbst zu sein, es gerne zu sein. Sie nahm meine Eigenartigkeit an, zeigte mir die Schönheit darin und umgab sie vor allem mit Würde. Wenn ich eine von denen wäre, die töten, um zu blühen, dann sollen sie doch alle mit offenem Mund dastehen.

Bevor ich ein siegesgewisses, vor Überzeugung dröhnendes Ja sagen konnte, hatte sich der Mann schon wieder seiner Aufgabe zugewendet, so gleichgültig, wie nur ein Maurer sein kann, der unter der Sonne Gräber errichtet.

Langsam kehre ich zum Hauptweg zurück. Bei der angezeigten Ecke biege ich ein, und meine Augen sind an der Marmorplatte angelangt, die vor mir in die Höhe ragt wie eine Taube mit hervorgestreckter Brust. Eine kubistische Taube. Die Buchstaben wurden per Hand in die in Stein gravierte Gussform gemalt. In der obersten Zeile der Name auf Hebräisch und der Davidsstern. Ein einziges Datum, 9.12.1977, begräbt für immer das Geheimnis ihres Geburtsjahres.

Clarice Lispector, lese ich. Clarice Lispector, lese ich noch einmal, wiederhole und wiederhole es, bis meine Augen es glauben.

Ein salziger Geschmack dringt in meinen Mund. Die Tränen füllen die unter dem Gesicht versteckten Kanäle, aber sie fließen nicht ab. Ich spare sie mir auf, um mich abzuhärten. Ich will erst dann weinen, wenn das Leid größer ist als meine Fähigkeit zu verstehen. Denn hier findet eine Begegnung statt. Ich stehe vor dem Grab von Clarice Lispector, und das ist meine Geschichte. Ich bin hierhergekommen, um sie zu erleben, um aus dem, was ich mag, mein Ich zu schaffen, um mich selbst auf die kleinsten Eigenheiten meines schwierigen, rauen, verzweifelten Wesens einzulassen. Vor allem aber bin ich hierhergekommen, um mich zu verbinden.

Ich ziehe den Stein aus der Hosentasche und lege ihn auf die lichtbesprenkelte Fläche. Ein Ritual, dessen Sinn ich nicht genau kenne, aber das ich als Anleihe nehme, um meine Linie zu begründen.

Die Mittagszeit hat jede Möglichkeit von Schatten weggewischt. Ich streichle über den weißen Sockel. Der Schmutz haftet an meinen Fingern und erinnert mich an den ewigen Staub, der wir sind und sein werden. Der Körper schmerzt vor Feierlichkeit. Hinter mir höre ich ein Geräusch. Ich habe es nicht eilig. Ich weiß, dass ich, sobald ich mich umdrehe, Otávio sehen werde, die Hände in den Taschen, wie er halb verärgert, halb erleichtert darüber nachdenkt, was er mit mir machen soll. Es gibt letzten Endes Dinge, für die er keinen Namen hat. Aber er könnte dem Orden der wilden Herzen nahekommen, sehr nahe.

übersetzt von Julian Brock und Philipp Kampschroer

JOÃO ANTÔNIO

Löwen der Nacht

Die Leuchtreklame geht an, und mit einem Schlag stehen die acht Buchstaben des französischen Namens da, und das hier, was die Trottel und Schlaumeier *Boîte* nennen, ist für eine weitere Nacht offen. Augen auf, hellwach bleiben, und gut ist. Denn für diese Leute, die hektisch, nur scharf auf Vergnügen sind, sich schlecht benehmen, aufgetakelt mit ihren Sprüchen und ihrem Gehabe, ist doch alles nur Vergnügen und leeres Geschwätz. Erst recht früh am Abend. Und das Schlimmste ist, dass dieses Hin und Her und der Lärm, das Kommen und Gehen, das ganze Gerenne für diese abgebrühten Spaßvögel auch noch Vergnügen ist.

»Bittschön, Herr Doktor.«

Ich verbeuge mich, mache auf fein, lasse den Bürger und seine Madame vorbei. Der Typ tut so, als würde er mich kennen, um bei Madame Eindruck zu schinden, und ich mache mit. Meine Begrüßung ist ausladend und ebenso zynisch wie komplizenhaft. Ich halte die auf alt getrimmte, golden beschlagene Holztür auf. Strecke betont höflich den Arm aus, und der erste Trottel des Abends ist drin.

Es sind viele, sie sind locker und glauben, die Nacht gehöre ihnen, erst recht hier in diesen Häusern der Zona Sul. Für das, was nun kommt, gibt es kein Lehrbuch. Was mir an Trotteln, Schlaumeiern, Angebern, Landeiern, Arschgeigen, Möchtegerntrinkern, Hanswursten, Dumpfbacken, falschen Doktoren, aufgeplusterten Papageien, Pleitegeiern, Schmierlappen, Holzköpfen bevorsteht, ist nichts für Weicheier. Und ich mittendrin, Junge, Junge! Für mich wird die Nacht hartes Brot.

In der kaputten, heruntergekommenen Nacht Frauen herumschieben, Trottel abziehen, höflich tun, unterwürfig, und mich dumm stellen, um Trinkgeld abzugreifen, aber auch Ratten zu schmieren ist Tagesgeschäft: Schönreden, Draufhauen, Schlägeausteilen an diese Bande von Pharisäern, Wichtigtuern, Gesocks. Heute ist Freitag. Und Typen, die in der Nacht frei herumlaufen, sind falsche Bohémiens, die einen auf fröhlich und schlau machen und glauben, sie hätten was zu sagen in dieser Stadt. Ich ziehe ihnen die Kohle ab, das ist wahr, aber sie gehen mir auch gewaltig auf die Nerven.

Ich bin kein Kind mehr. Nach und nach und von klein auf habe ich mir angewöhnt, dieses Leben ohne rosa Brille zu sehen. Wie andere, die sich in der Nacht rumtreiben und in den Spelunken, trage ich schon lang einen Kampfnamen: Pirraça, Ärger. Denn ich bin bissig, von klein auf, lege mich an mit den Leuten, lasse nichts anbrennen: Schuldest du dem Pirraça was, musst du zahlen, sofort und ruck, zuck. Ich war Schuhputzer, Autowäscher, Blumenverkäufer, Erdnussverkäufer, war hart im Nehmen, und mir wurde nichts in die Wiege gelegt, jedenfalls kann ich mich nicht dran erinnern, weder in Catumbi noch in Estácio, noch Fátima, in den Baracken, in denen ich groß wurde. Wie man sieht, war meine Schule die Straße, die Gassen und dunklen Ecken, und ich hatte nie das geringste Bedürfnis, irgendwas davon je wieder zu verlernen. Eine falsche Bewegung, ein falscher Schritt, und die Älteren knallen dir eine rein. Was man lieber vermeiden sollte.

Ich war auch im alten Lapa schon unterwegs, damals, als in den Cabarets dort noch Politiker, Künstler, Geldleute, Prominente und Millionäre ein und aus gingen. Aber Kellner, das lag mir nicht. Mein Ding war der Streit, was ich in Gassen und Hinterhöfen gelernt habe. Je weniger Platz, desto besser, Weicheiern brauch ich das gar nicht erst zu erklären. Der alte Manoel das Couves, ein echt scharfer Hund, heute schon grau, gut herausgeputzt und mit ein paar Mietsachen in der Gegend von Grajaú unterwegs, der war korrekt. Ein Löwe unter den Löwen.

Ihm fiel als Erstem mein Faustschlag und meine Beinarbeit auf. Da fing ich an, für ihn aufzupassen und den Türsteher zu machen, mal hier und mal dort, aber immer in seinem Schatten, an der Hand von Manoel das Couves.

Mit dem Spiel konnte ich oft ein paar Groschen machen. Ich hatte Frauen im Leben, auf der Straße und in den Dancings, die auf den Strich gingen und den Kerlen die Kohle abzogen, und kam eben klar, so leicht war das nicht. Aber ich war in meiner Welt, und es war keine große Sache, den Tölpeln die Kröten aus der Tasche zu ziehen – wozu brauchen so Trottel denn Geld?

Nicht dass ich mich deswegen und wegen noch ein paar Sachen, die ich angestellt habe, für gut halte, für was Besseres, den buntesten Vogel, das Siebengestirn am Platz. Nichts davon. Aber nach viel Auf und Ab traue ich mir heute doch so das eine oder andere zu.

Es gibt immer zwei Sorten Leute: Die einen kassieren, und die anderen stecken ein. Und Geld ist immer ein Argument. Also ich für meinen Teil hab' wenig abbekommen und dafür viel eingesteckt. Und noch was: Im Teich, wo Piranhas sind, schwimmt das Krokodil auf dem Rücken oder verzieht sich ans Ufer. Wer zögert und nicht knallhart ist, geht baden. Das Leben kennt keine Gnade, für niemanden. Das ist wie die Kohle, die ich am Ende der Nacht zusammenhabe, die kommt nur, weil ich was dafür tue. Eins ist sicher, nichts fällt vom Himmel, und nichts ist Zufall. Vom Himmel fällt höchstens der Regen, und dieses Hundeleben hier ist ein Getrickse wie der Teufel, jeder hier macht nur sein eigenes Ding, schön still und heimlich. Und ganz innen drin will doch jeder, dass der andere an den Arsch geht. Der Schlaue, der immer vorne dran ist, der tapsige Trottel und das Mauerblümchen. Im Grunde, im Grunde bleibt es sich gleich: Jeder schaut nur, dass er selbst etwas abbekommt. Wenn sich die Möglichkeit bietet, frisst hier einer den anderen eiskalt auf. Der Freier gibt der Frau Geld in die Hand, weil sie ihn im Bett erträgt und macht, was er will. Dann kommt der Lude und nimmt der Armen die Scheine ab. Aber auch er behält das nicht lange, wenn er nicht aufpasst und sich umsieht, das Gelände sondiert; alles hat seinen Preis. Alles, was Geld bringt, macht Mühe.

Also alles in allem: Man lebt. Heute nehme ich jeden Tag den Zug der Central do Brasil, um mich in den Häusern der Stadt abzustrampeln. Aber ich hatte auch schon mal ein Auto, das ich wieder zu Geld gemacht habe, um flüssigzubleiben, für Spekulation und um dumme, am Vortag mit Wucherzinsen und Vorkasse ausgestellte Wechsel auszulösen. Wer mich hier sieht, draußen als Türsteher, die Kälte in den Beinen und am Buckel, die ganze Nacht mit diesem Käppi auf dem Kopf, grimmig, aber gewandt, hält mich wohl für ein armes Schwein ohne Schuhe an den Füßen, das da wie Piksieben herumsteht. Ein kleiner Türsteher, sonst nichts. Ist auch in Ordnung, dass sie das denken: Meine Tarnung ist ziemlich schlau. Ich sehe aus wie ein armseliges Stück Scheiße und ziehe dabei meine Strippen, habe meine Verbindungen, die nur meine Leute kennen, die ausgefuchsten Gestalten der Nacht, die Gauner und Klapperschlangen, die Saufnasen, die es draufhaben. Meine Leute eben.

Meinen Beruf haben sie irgendwann Wachlöwe genannt. Das gefällt mir nicht, klingt so nach Festung und nach Befehlsgewalt. Nicht gut. Ich habe es lieber, wenn die Pfeifen mich als Portier anreden, als Seu Zé oder Pirraça. Das ist schon Tarnung genug und macht was her. Und erlaubt mir ein paar Tricks, mit denen ich, wenn es hart auf hart kommt, schon die meisten hereinlegen kann. Wie auch immer, nach dreißig Jahren hier draußen gibt es kaum einen, der meinen richtigen Namen kennt: Jaime. Schwätzern ergeht es im Leben nicht gut, und wer schweigen kann, genießt – weil er die Klappe hält. Und ich will Respekt und Abstand zu den Pharisäern, die ich bediene und bewache. Respekt habe ich, wenn es sein muss, sogar vor den Kindern, die Erdnüsse verkaufen. Türsteher und das ganze Gemache ist noch ziemlich neu hier in den Nächten von Rio. Mehr als fünfzehn Jahre bestimmt nicht. Ich war immer dabei. Im Durcheinander und in dem Dreck da in Lapa, zu goldenen Zeiten, der besten Schule, die ein Gauner nur haben konnte.

Bis gegen Ende des Krieges, 45, und dann noch bis 55, war der Schmiere daran gelegen, die Nachtclubs schön offen zu halten. Pensionen und »Offene Häuser« nannte man das damals. Dahinter verbargen sich Cabarets und Bordelle mit Polinnen und Französinnen, ausgebuffte Gringas, gerissene Gaunerinnen, die mit den Geldsäcken umgehen konnten, den Persönlichkeiten, die sich dabei nicht erwischen lassen durften. Wahre Lehrmeisterinnen, trickreiche Verführerinnen, manche davon häuften ordentlich Geld an, ließen selbst anschaffen, bildeten Mädchen aus und ließen sie für sich laufen.

Die Herren des Spiels suchten sich welche aus, die ehrlich waren, denen sie vertrauten, um auf die Pinten aufzupassen. Schwere Jungs, Schränke, mit allen Wassern gewaschen, handverlesen von der Spezialpolizei und gewitzt und geübt darin, auszuteilen und einzustecken. Von langer Hand, das muss man wissen, die waren auf dem Morro de Santo Antônio ausgebildet, in Kampfsport und rhythmischer Sportgymnastik. Capoeira war schon nicht nötig, das konnten sie schon von der Straße, aus dem unschönen Geplänkel des Lebens. Lang ist das her, lange noch vor der Judo-Generation, dem Karate und dem Capoeira, das jetzt sogar (heimlich) in den Sportschulen der Zona Sul gelehrt wird.

Da gab es noch keine Löwen. Aber die Etablissements hatten schon Türsteher. Manche davon hatten auch Namen, wurden zu Legenden der Nacht. Selbst das, was sie nie getan haben, wurde ihnen nachgesagt. Denn so neu ist das nicht, dass die Bohème nur von Großtaten und Glorien spricht; das Scheitern und das Leid bleibt auf der Strecke, vom Staub der Jahre bedeckt. Richtig ist, dass es ein mächtiges Trio gab, vorne dran: Guarabira, Cachacinha und Caruara. Mutig und ernsthaft, wahre Meister im Streit, sie heizten ein, gingen rein, mischten die heftigsten Orte auf, sogar die Tanzveranstaltungen des alten Karnevals. Waren schlau wie die Uhren.

Die Kerle von der Militärpolizei hatten die Tanzveranstaltungen im Griff und führten das alles an kurzer Leine, waren die Macht auf dem Platz, hatten überall ihre Finger drin, hingen überall rum. Ihre großen Salons waren: Tenentes do Diabo, Embaixadores, Fenianos, Bola Preta, Banda de Portugal. Sie gockelten in den Cabarets herum und bestimmten, wenn auch nicht gern gesehen, in den Bordells, Dancings und Tanzschuppen, die damals heiß waren und heute verschwunden sind: das Elite, Estudantina Musical, das Dragão ... Keiner quatschte einen der Kerle schräg an, diese hartgesottenen Haudegen, ohne sich in Gefahr zu begeben. Guarabira, der Berüchtigste von den dreien, hatte die Bälle im Bola Preta unter sich. Da sieht man schon, wie der Mann auftrat. Die Bälle im Bola waren eine Mischung aus allem, was sich in der Nacht so herumtreibt: Tänzerinnen, erfahrene Spieler, Gauner und daneben die Leute mit Geld oder Berühmtheiten, Künstler und Leute aus der Verwaltung. Ein Reigen der besonderen Art, man musste ganz genau wissen, mit wem man es zu tun hatte. Trotz seiner Verwegenheit konnte der alte Guarabira zum Beispiel nicht einfach einen Besoffenen, eine Schnapsleiche, einen Streithahn, der Stunk machte, auf die Straße setzen. Einfach so ging das nicht, erst musste er nachdenken, gut überlegen und das lieber einmal mehr als zu wenig. Denn der Kunde da unter all diesen Leuten konnte genauso ein hohes Tier sein, einer, der was zu sagen hat bei seinen Leuten. Wenn sogar Politiker das Bola frequentierten, war es nicht leicht, da den Überblick zu behalten.

Die Alten, das waren noch Kerle. Sie nahmen es mit allem Möglichen auf, hatten alles im Griff, auch wenn Messer gezückt wurden im Tumult, und auch ohne sie und ohne Schlagringe, nur mit Beinarbeit, Kopfstößen und Capoeira lehrten sie zwei, drei Mutige, Fersengeld zu geben. Die Großen der Zunft, Meia-Noite, Madama Satã, Nélson Naval, Caneta, gaben den Ton an und beherrschten die Szene in Lapa, einem Abschnitt von Cinelândia und in Mangue. Sie ließen ihre Frauen laufen und machten Geschäfte mit der Polizei. Es war eine Zeit schwerer Geschütze, ein Portier eines Nachtclubs musste sehr helle und wendig sein.

Es ist kompliziert. Es gibt immer ein Aber in dieser Welt. Die Wellen haben die Stadt verändert, Ebbe und Flut der Bohémiens sind aus dem Zentrum in die Zona Sul geschwappt, wieder ins Zentrum zurück, und sind heute geteilt. Zum Beispiel am Kai, um die Praça Mauá herum, ist ein ganzer Korridor voll, quillt über vor kleinen Spelunken. Die Türsteher von heute sind dort viel mächtiger, machen aber auch doppelt so viel Mist. Nein, nicht dass ich Sehnsucht nach früher hätte, heute ist mir viel wohler als früher (und ich bin kein Idiot, der sich in die Hosen macht), aber zuzeiten der richtigen Gauner gab es so etwas nicht, wie es vergangene Woche passiert ist.

In Ramos hat einer von den Löwen in Scheiße gegriffen, aber mit allen Pfoten, und hat sogar sein Haus mit reingezogen, ist durchgedreht und hat jede Spur Gaunerehre verloren, nur aus Eifersucht, wegen so einer, die Ärger anzieht, mit jedem scharwenzelt und herummacht, die bräuchte mal eine Lektion, die Schlampe. Er hat einen ganz dicken Hals gekriegt und einen umgenietet. Hat's ihm richtig gegeben. Ihn fertiggemacht, aber ganz schlecht, und das kam gar nicht gut an. Das ging rum bei den Typen in den

Spelunken, von Mund zu Mund, denn die sind alle nicht blöd. Und die Bullen, die auch nicht von gestern sind, müssen, wenn's in den Zeitungen steht, zeigen, dass sie was draufhaben, und schnüffeln nun überall rum, gehen allen auf den Sack, immer hinter dem Kerl her. Sogar mich haben sie gefilzt. Aber wenn's geht, halt ich's Maul, da kriegt keiner was raus. Braucht man gar nicht erst versuchen.

Also der Typ war ein gewisser Miguelito. Kam einer an im VW-Bus, hat an die Tür geklopft, ging rein, hat was zu trinken bestellt, sich in eine Tänzerin verguckt, eine Schlampe mit Namen Maricele. Eine Stunde später ging die Puppe dann mit raus, Arm in Arm mit dem Typen. Der Türsteher hat sich ihnen in den Weg gestellt und böse geguckt:

»Prinzessin, wo soll es den hingehen, die Dame? Es ist noch nicht Feierabend.«

Die Frau plustert sich auf, es sei ihr egal, sie habe doch gar keinen Vertrag mit dem Haus. Der Kunde wollte auch schon das Maul aufreißen. Da hat der Türsteher ihr Bescheid gesagt, dass sie raus sei, wenn sie nicht auf ihn hören würde. Und außerdem, wenn sie so weitermachte, würde Miguelito das überall rumerzählen. Sie würde keinen Fuß mehr auf den Boden bekommen im ganzen Nachtleben von Rio, außer auf der Straße vielleicht, hartes Brot, in der kalten Nacht des Trottoirs. Da hat diese Maricele zu ihrem Trottel hinübergegrinst und gesagt:

»Warte mal draußen auf mich, Süßer, ich hab um vier Feierabend.«

Der Türsteher war gearscht und hat 'ne Fresse gezogen, weil er wusste, dass die Frau wirklich mit dem Typen ins Bett gehen würde. Nun war die Maricele tatsächlich der Bettfrosch von Miguelito. Hey! Er mochte die Dame, hat aber vergessen, wie das Gesetz lautet: Mit den Augen schauen und hinter der Stirn lecken. Und dann warten. Dann irgendwann zubeißen und futtern. Das ist Gesetz. Und noch was: Wer eifersüchtig wird auf die Trottel, ist selber blöd.

Der Typ ist also zurück in seinen VW-Bus, um auf die Frau zu warten, setzte sich rein; der Türsteher ist hin zu dem Typen, hat aber kein Wort gesagt. Dann hat er ganz langsam die Knarre gezogen, genau gezielt und ihm ein Ding direkt in die Stirn reingehauen. Der Depp ist direkt umgekippt. Der Schuss hat geknallt, und das war das Stichwort. Der Besitzer der Pinte, der war ja nicht blöd, ist aus Rio verschwunden, auf und davon, weil er schon zwei, drei Dinger am Laufen hatte: Zuhälterei und anderen Ärger. Das war das Ende der Spelunke in Ramos. Die war für immer zu.

Dass einer sich so blöde anstellt und sich solchen Ärger an den Hals schafft, hätte es früher nicht gegeben.

Und heute gibt's alles. Seit die Traditionspuffs verschwunden sind, seit die Razzien den Frauen auf der Straße das Leben schwermachen, ist nichts mehr los auf den Trottoirs, und die Mädels verkrümeln sich in die Nachtclubs und Pinten.

Das schwarze Jahr der Trottoirs war das zur Vierhundertjahrfeier. Die guten Leute stürmten die Straßen, und von heute auf morgen mussten die kleinen Hotels schließen, Unmengen an Luden und Mädels wanderten in den Knast. Dann kam noch mehr Polizei, und es wurde noch schlimmer. Fiese Zeit, das, ein Rattenschwanz. Die wollten die Stadt sauberkriegen, weil wichtige Leute ins Haus standen, und alles sollte recht hübsch sein zur Vierhundertjahrfeier. Wie mit dem Schleppnetz: Diebe, Nutten, Bettler, Tagediebe, Arme, Bettler, Blinde, Schuhputzer, Krüppel, Autowäscher, das ganze Gesocks hat's erwischt, ab in den Knast. So ist das Hundeleben. Die da oben unterschreiben einen Wisch, und wir hier unten, im Leben, wir baden es aus, uns erwischt's knüppelhart auf den Leib – oder Knast. Wir fressen das Brot, das der Teufel mit dem Schwanz knetet.

Das war's dann mit den Cabarets, die letzten in Lapa gingen ein: Novo México, Brasil Dourado,

Primor. Das Casanova hat noch geöffnet, lahmt aber mit beiden Beinen, es ist schon fast widerlich. Das, ja, das macht traurig.

Boîte war der neueste Schrei aus der Zeit kurz vor 45. Zerstreuung für die Soldaten und Söldner, Seeleute, Typen, die es nötig hatten und sich freiwillig übers Ohr hauen ließen und die Nachtclubs so nahmen, wie sie waren und immer noch sind: dunkle, enge Löcher, teuer, einsam die Leute, miese Getränke, verkommene Frauen. Die Söldner waren gerissen, kannten sich aus, waren herumgekommen, ein paar habe ich kennengelernt, die kannten fast alle Ecken der Welt, waren Doktoren in fremden Gewohnheiten. Aber es war ihnen alles egal, und sie hatten keine Lust, sich über Getränke, Frauen, Musik zu streiten, sie wollten nur ausspannen, sich erfrischen, den Kopf freibekommen von dem Scheißkrieg. Deswegen ertrugen sie diesen Mist. Nach dem Krieg wurden die Nachtclubs zu Vorzimmern der Puffs. Der Kunde kommt rein, alles ist mit Frauen vollgestopft, er sucht sich eine aus, bezahlt was zu trinken, und dann geht er mit ihr ins Bett. Getrunken wird Whisky mit Wasser und Jod. Die Nutte lässt Mate-Tee kommen, und der Trottel bezahlt Import-Whisky.

Profitiert von der Säuberung habe ich. Und die anderen Türsteher, die ganze verdammte Bande. Wir haben in vollen Zügen genossen, ganz locker und lässig. Haben uns ins gemachte Bett gelegt und die Nacht in Besitz genommen. Das Feld erobert, uns heimlich zusammengeschlossen und die Stadt unter uns aufgeteilt. Kein Chaos, schön einer nach dem anderen – ein Türsteher bleibt nie länger als sechs, acht Monate im selben Haus. So bleiben wir auf dem Laufenden in der Nacht, und die Betreiber der Häuser brauchen uns mehr und mehr. Die großen unter uns, Califa, Lupércio, Duca, haben das Kommando übernommen und ein Gesetz gemacht. Türsteherlöwe ist nur, wer zu uns gehört, und wer einen auf schlau macht, wird fertiggemacht. Ein Frosch aus dem anderen Teich kommt nicht, um zu quaken. Wie bei den Banditen:

»Willst du es gemütlich haben, kau Wasser!«

Mit den Razzien auf dem Trottoir verkrümelte sich langsam die Art von Zuhältern, Luden, Schleppern, die nur eine einzige Frau laufen haben. War das Mädel im Knast, war der Strizzi erledigt, musste sich anderswo umtun und war raus. Musste arbeiten gehen, wie einer von draußen. Die Harten wurden zu Türstehern. Wir haben es drauf: Die Frauen sind drinnen am Kämpfen, in den Nachtclubs und den Spelunken, und wir Türsteher haben ein Auge drauf, passen auf. Das ist kein Kindergarten. Ehrlich gesagt, ging es ihnen damals viel schlechter mit ihren Luden. Weil die nur von ihrem Geld lebten und sie immer mehr ausquetschten. Deswegen ist das jetzt unser Ding. Entweder, oder. Und wir fackeln nicht. Wir hauen auch drauf, als wären sie Männer. Ohne die Türsteher können sie gar nicht leben. Mein Spitzname bedeutet Ärger, und den habe ich nicht umsonst. Wenn eine Frau sich nicht anstrengt und nicht macht, was ich sage, wird das rumerzählt, und alle anderen wissen Bescheid, und sie hat keine Arbeit mehr, egal wo, nie mehr. Dann kann sie jammern. Höchstens noch auf der Straße, und da hat keine Lust drauf. Da hat sie dann die Sitte am Hals, und irgendwann fährt sie ein.

Wer die Frauen kontrolliert, hat hier unten das Sagen. Ein Nachtclub, der keine Frauen hat, kann zumachen und ist am Ende. Die Kunden kommen doch nur wegen der Mädels. Also ist sogar der Besitzer und der Geschäftsführer von uns abhängig. Das ganze Spiel liegt in unserer Hand. Kein Türsteher verdient mehr als sechshundert Cruzeiros im Monat, na und? Was hat das schon zu sagen? Einer, der Köpfchen hat, bisschen Grips, ein Händchen, ein bisschen Geschick, holt sich von allen etwas: vom Geschäftsführer, von den Kunden und allen, die etwas abdrücken können. Klar muss man vorsichtig sein, aber das Geld kommt schon, so viel ist sicher. Kannst du mir glauben.

Kein gutes Leben, kein schlechtes. Halt Leben. Was mich aufregt, ist, wenn ab und zu einer ausflippt und die ganze Zunft schlechtmacht wie dieser Miguelito in Ramos. Auch der Stress auf der Praça Mauá hat mich aufgeregt. Miçanga, ein Türsteher da in einem Club unten am Kai, ein Kumpel von mir, hatte Probleme auf der Arbeit. Hat Mist gebaut drüben in Santos, und sie haben ihn rausgeschmissen. In der Früh ist er dann bei mir aufgeschlagen, brauchte Arbeit und ein paar Groschen gegen den Hunger. Ganz still war er und dürr. Ich stieß ihm meinen Finger in den Bauch: »Halt durch, Kumpel, bald gibt's Hühnchen, später am Morgen am Beco da Fome bei Das Dores.«

Am Tag darauf bin ich bisschen früher aus dem Haus in Inhaúma. Wollte was klarmachen für Miçanga, dem ging es wirklich nicht gut, aber er war geradeaus und hat einen nie hängen lassen. Ich bin rumgelaufen, habe geredet, gequatscht, gebettelt und was für ihn besorgt an der Mauá. Hab auch nichts dafür verlangt:

»Pass auf, Partner, benimm dich ab jetzt, okay?«

Aber so ist das. Wenn der Geier mal Pech hat, kackt der von oben auf den da unten. Nach zehn Tagen Arbeit haut Miçanga schon wieder daneben. Taucht einer bei ihm in der Pinte auf, säuft, frisst, grabscht die Frauen an, säuft weiter, frisst weiter. Lässt das teure Zeug auffahren. Aber der Schwachkopf war pleite, abgebrannt, klamm. Kommt der Geschäftsführer und spricht mit Missanga, der, also mein Kumpel, geht mit dem Kunden reden. Erst das Blabla: »Wie sieht's aus, mein Guter? Das wird doch hoffentlich alles bezahlt.« Und der Typ sagt, er hat nichts, sei im Moment etwas knapp, aber so sei das im Leben und so weiter, und würde alles schuldig bleiben. Da hat Miçanga nicht lange gefackelt. Hat den Typen geschnappt, ihm einen direkt auf die Birne gegeben. Der Geier von oben macht auf den da unten. Der Typ hatte 'ne Knarre und hat auch nicht gefackelt. Das Ding landete in der Brust von dem Schlagzeuger in der Bar. Ein Gerenne, ein Durcheinander, alle aufgescheucht, Frauen fallen in Ohnmacht, Gezicke, die Polizei kommt, die ganze Scheiße. Miçanga, der Türsteher, hatte Glück: hat sich verkrümelt, die Biege gemacht, ist geflitzt, und bis heute weiß keiner, in welchem Loch da draußen er sich versteckt. Er ist weg, über alle Berge.

Die alte Garde war mehr auf Vertrauen aus. Die Jungs heute sind gerissen, wenn es hart auf hart kommt, aber dem Kunden Zucker geben, das können sie nicht, ihm Honig ums Maul schmieren, hart sein, aber auch gepflegt. Sich benehmen. Das heute sind alles Arbeitslose, die es locker haben wollen, Schönlinge, manche sogar aus gutem Haus. Sind als Türsteher unterwegs, weil sie nichts anderes können oder ihnen nichts einfällt. Kommen meist aus dem Kampfsport und sind schwarzgebrannt von der Sonne am Strand. Die Frauen finden sie gut, diese gewitzten Schönlinge. Manche geben den Schätzchen sogar Geld, um ihnen zu gefallen. Und die Kohle der Kunden. Aber diese Burschen haben fast alle keinen Verstand. Machen einen auf Gockel, kümmern sich viel zu viel um die Frauen, legen sich mit den Kunden an. Das passt alles nicht. Wenn man gut ist, schleimt man herum, macht einen auf freundlich. Wie heißt es doch hier bei uns:

»Das Mädel stopft mit vollen Händen die Tasche des Löwen voll.«

Denn für das, was er braucht, Trinken, Zigaretten, Essen, ein Bett, zu bezahlen, tut ein Nachtlöwe nicht gern. Das ist genauso sicher wie dass wir irgendwann tot sind. Das arme Mädel muss tun, was derjenige von ihr will, der am hellsten ist. Abgeben muss sie: Knete, Kohle, Kies, Zaster.

Dass ich kein Kind bin, sagte ich schon. Ich wohne in der Zona Norte, am Arsch der Welt, und in den Zügen der Central zu fahren ist kein Kindergeburtstag. Ich bin 48, hab zwei Kinder, die zur Schule gehen, und eine gute Frau. Wo ich wohne, in Inhaúma, habe ich einen Gemüsegarten und einen Papagei aus Pará. Nach dem Mittagessen ein Pfeifchen, dann kümmere ich mich um die Beete und sonne mich. Das gefällt mir, und gut ist. Es ist auch so, dass meine Haare langsam grau werden. Da muss ich aufpassen bei der Arbeit. Nicht dass ich jetzt, wo ich alt werde, noch flöten gehe, einer, der gerissener ist als ich, mir in den Rücken fällt, mich erwischt und mich umlegt. Auch Löwen können sterben, verstehst du? Glaube ich jedenfalls. Ich habe einen Ruf zu verteidigen, mache mein Ding, und keiner hört von mir ein unbedachtes Wort, kein Kommentar. Ich passe gut auf, schaue genau, wohin ich trete. Braucht nur einer zu kommen, der stärker ist, jünger, vom Sport, aus dem Kampfsport, und sein eigenes Revier sucht. Sich rumtreibt, die Augen aufhält. Auf der Suche nach dem guten Leben und zu allem entschlossen, einen Türsteher, der schon älter ist, so wie ich, und schon Bauch ansetzt, aus dem Weg zu räumen. Ist doch klar, dass ich nicht mehr zwanzig bin. Ihn fertigmachen, in den Staub treten, seinen Platz einnehmen, das gute Leben, die Quelle.

Wo Futter ist, kommen die kleinen Fische zum Beißen. Das war schon früher so. Deswegen und auch sonst ist das, was ich rechts am Gürtel trage, versteckt, aber doch zu sehen, keine Brillantinedose. Es ist eine Automatik, gespannt und geladen, eine Kriegsknarre, die ich einem Seemann abgekauft habe und mit der nur die Härtesten der drei Waffengattungen umgehen können.

übersetzt von Michael Kegler

VINICIUS JATOBÁ
Lúcia vor dem Regen

Obwohl sie in die drückende Hitze Madureiras eingetaucht war, empfand Lúcia eine angenehme geistige Leichtigkeit. Auf der überfüllten Estrada do Portela bewegte sich die Menschenmasse schleppend und träge, und als Lúcia auf der Fußgängerbrücke die Bahnlinie überquerte, dachte sie vergnügt, dass die Avenida Edgar Romero wie eine lange Spur bunter Ameisen aussah. Lúcia überwand die Warenberge der unzähligen Straßenhändler, indem sie Schachteln und Planen beiseiteschob: Sie ging geschickt, unbeschwert und zögerte immer weiterzugehen, wenn sie etwas sah, das ihr gefiel, und liebäugelte mit möglichen Feilschgeschäften.

Hupen, jemand schreit: Madureira. An den extremsten Nachmittagen im Januar war es üblich, ältere Menschen auf offener Straße in Ohnmacht fallen zu sehen – rot geworden und gedemütigt, an irgendeine Wand oder irgendeinen Pfosten gelehnt und inmitten Dutzender Neugieriger.

Lúcia ging eilig an der Polizeiwache vorüber und betrat dann entschlossen den Markt von Madureira. Sie fühlte gleich, wie ihre Sinne durch die aufgeschreckte Menschenmenge um sie herum überladen wurden: die in engen Käfigen angehäuften Tiere, ihre verschwitzten, zitternden, keuchenden und gegen die Gitter gepressten Körper; die abgestandene, sumpfige Luft der extrem engen Gänge; der umkämpfte Komfort eines zufälligen Windstoßes, der den Verkäufern Seufzer der Erleichterung entriss; der mit Fell- und Federbüscheln vermischte strenge Uringeruch, der in die Rinnen und Wände eindrang. Alles. Es war schon immer so, einige mögen es sogar. Und wer etwas mag, der liebt: Im Herzen seiner Gänge barg der große Markt von Madureira Träume.

Lúcia hatte mit den Damen, die in der Mitte der Gänge ständig herumfeilschten, eine Engelsgeduld und bat die arbeitslosen, rauchenden und den Weg blockierenden Jugendlichen geschickt darum, Platz zu machen. Sie manövrierte um die schlecht gelaunten Gesichter, um die Kohlepakete, um die Gasflaschen auf dem Weg. Sie fand Gefallen am Geschrei, am mit Essen vermischten Geruch. An diesem frühen Nachmittag war Lúcia entschlossen, entschlossen und glücklich. Sie war ja bereits mit diesem milden Geschmack im Mund aufgewacht, dem ersten körperlichen Anzeichen des Glücks.

Alleine wachte sie in der weißen Flut von Laken und Kissen auf. Ausgerechnet an dem Tag, an dem er das Zimmer lärmend hätte durchschreiten können, war ihr Ehemann mit leichten, zurückhaltenden Schritten hinaus zur Arbeit gegangen, damit sie mehr schlafen könnte. Lúcia benötigte eine Weile, sich zu sammeln, und streckte sich mit ihren feuchten Augen aus. Ihr eigener Körper. Sie lächelte: Alles war gut, und sogar das, was nicht gut war, war gut.

Selbst das unordentliche Zimmer störte Lúcia nicht. Sie streckte sich einfach schnurrend in diesem Bett aus, versunken in einen verschneiten Traum. Eine Lichtsäule flüchtete am Vorhang entlang und küsste eine der Ecken des Zimmers. Sie atmete tief ein, während sie das einfallende Licht beobachtete.

Lúcia hielt vor einem Geschäft, das Tonschalen verkaufte. Sie suchte nach zwei kleinen Schalen von kräftig-brauner Farbe, die verstaubt neben einer Tasche voller Muscheln lagen. Dankbarkeit. Es waren Jahre des Wartens gewesen. Des Schweigens. Lúcia fand das, was sie Tag für Tag an den Kindergesichtern ihrer Schüler am meisten mochte. Die Ferien waren einsam: Sie vermisste das laute Lachen, das Gerenne und die Spielereien, die Pausen mit den Kindern, die sie aufmunterten. Sie mochte sogar die nicht ganz einfachen Jungs, und auch die Launen der Mädchen verärgerten sie nicht. Mit Vergnügen erklärte sie viele notwendige Male – Flüsse und Bäche, Lagunen und Erosion. Sie war überzeugt, dass es so sein sollte. Und sie hatte viel zu geben und hielt sich dabei nicht zurück.

Lúcia zeigte nie mit dem Finger. Sie blieb still, schob es auf, es blieb Zeit. Es blieb immer Zeit. Wegen der Angst, ihn zu verlieren, blieb Zeit. Es war kein Problem, das Glück ist ein Roulettespiel, und jedes Roulette ein Zufall. Jeden Monat drehte es sich; und die Kugel tanzte und landete im falschen Fach. Wenn sie bekümmert war – immer während der Koliken –, gingen sie aus, waren füreinander da: Kino, Abendessen. Sie lachte vergnügt über die Scherze. Es würde bald das richtige Fach sein. An einem magischen Tag wurde sie Tante, und für eine Woche war sie glücklich, wie eine Glucke, ganz bei ihr. Der kleine Finger war dünn, es machte Bäuerchen, das Haar war licht. Es schlief ruhig, und die Schwestern blieben an der Tür stehen und schauten. Sie erkannten etwas vom Großvater am Kinn, sie lächelten. Lúcia aber hatte keinen Schlüssel für jenes Haus; wenn sie daran dachte, wusste sie, dass sie das schlafende Kind nicht mehr sehen würde. Alles war anders, die Woche ging vorüber. Und sie wollte es nicht verlieren, denn es wachte sanft auf, und es war gut, es roch wunderbar, und sie brachte ihm Süßigkeiten, und sie wusste, wann es am Nacken gestreichelt werden wollte, und sie hörte mehr, als notwendig war. Und es blieb noch Zeit. Wir haben ja uns, sagten sie, so wie es in Filmen und Gedichten versprochen wird. Das eigene Leben bestätigte es. Und wenn man von den Ferien absieht, den langen Ferien, den unmöglich langen, hätten sie immer Pausen, die sie erheitern würden.

Der Verkäufer reinigte die Schalen mit einem Staubwedel. Als er das Geld entgegennahm, erwartete er die übliche Beschwerde. Sie kam nicht. Ein alter Verkäufer weiß nur zu gut, wenn ein Kunde den Preis kennt, ist es immer zu teuer, immer zu viel. Da sträubt sich die Brieftasche. In manchen Momenten aber lässt sich das, was man kauft, mit Geld nicht aufwiegen. Solche Verkäufe gibt es. Der Verkäufer lächelte, er wusste Bescheid. Und er verpackte mit Freude, wählte schönes Wechselgeld aus und legte eine Halskette als Geschenk in die Tüte. Lúcia bedankte sich mit einem Lächeln.

Sie durchschritt einen langen und lauten Gang, inmitten von Käfigen mit wütenden Hähnen und einsamen Tauben. Mit zerrissener Hose und voller Schnabelhiebe kam ein Ahnungsloser dort heraus. Am Ende des Gangs stieg Lúcia eine alte, eingerostete Treppe hinauf. Sie übersprang die siebte Stufe, denn sie wusste, dass die Lötstelle lose war. Sie amüsierte sich darüber, dass sie wusste, dass sie es wusste. Drei lange Jahre waren genug, um die Gänge des Marktes auswendig zu kennen. Hinter dem Bild des Orishas Eshu die Erste links abbiegen, dann die Treppe hinunter und immer geradeaus, vorbei am Herbarium, zwischen der Metzgerei und dem Stoffgeschäft, dann hinunter entlang der Konditorei mit der gelben Fassade. Sie hielt den großen Markt von Madureira in ihrer Hand.

Früher hatte Lúcia Angst: die angehäuften Schatten, die merkwürdigen und ärmlichen Gesichter, die aufgeregten Gespräche. Sie maß ihre Schritte, und sie wusste, was sie maßen. Sie berechnete die Momente der Stille. Aber nun waren diese Wege eine unverzichtbare Gewohnheit ihres Herzens.

Sie betrat ein Geschäft und kaufte ein Dutzend riesiger Kerzen. Sie wählte eine Tasche mit auffälligen Kaurischneckenhäusern aus. Sie bat darum, sie als Geschenk einzupacken. Sie bestand darauf, das Geschenkpapier auszuwählen. Fünf Geschäfte weiter kaufte sie eine Flasche Honig: ein guter, dickflüssiger Honig. Sie ging weiter. Man bot ihr Kräuter an, die hatte sie schon. Auch Besteck, sie brauchte keins. Und Meerschweinchen, aber dafür war es nicht der richtige Moment. Man machte ihr Komplimente, ihr reichten seine zu Hause. Und alle lachten. Lúcia kannte einen Großteil der Verkäufer bereits beim Namen, und diese nannten Lúcia (mit viel Respekt), *Dona Lúcia*. Sie ging direkt zum Ausgang des Marktes: Sie hatte schon all die Dinge, die Elis benötigte. Alles schmeckte anders.

Sie lief und schöpfte wieder Mut. Im Badezimmer saß sie auf dem Toilettendeckel. Mit nur einer Socke am linken Fuß wartete sie ab. Sie kratzte sich am Kinn. Sie dachte daran, dass Grün eine schöne Farbe für den Flur sei. Tunesien und Türkei, es gibt einen Fluss, Flussbecken, und Steilküsten; abgrundtiefe Trägheit. Wieder bewegte sie das Teststäbchen. Sie guckte gleichgültig. Sie musste noch einmal schauen und noch einmal sehen. Und es war blau. Sie glaubte es kaum. Und mit dem ursprünglichen Blau, eine Leere. So war es: Das so ersehnte Glück war bloß dies: ein Badezimmer mit kalten und weißen Kacheln bei ausgeschaltetem Licht und ein Wasserrohr, aus dem ein Rinnsal floss. Sie hatte sich vorgestellt, dass sie weinen würde, wenn es endlich geschähe, aber die Tränen kamen nicht. Sie war frustriert, aber sie lächelte, und kaum dass sie lächelte, kamen die Tränen: Das Badezimmer war wunderschön, blau – genau wie der Flur.

Sie blieb an der Bushaltestelle stehen und wartete. Lúcia winkte dem Busfahrer zu, stieg in die 747 ein. Sie setzte sich auf einen erhöhten Sitz, nah am Fenster. Sie legte die Einkäufe auf dem Nachbarsitz ab. Sie wischte einen Staubfleck an der Hose ab und bemerkte, dass ihre Turnschuhe schlammig waren. Sie machte es sich auf dem Sitz bequem, schaute aus dem Fenster: Rasch zogen die verschwommenen Gesichter vorbei. Der frische Wind pfiff in Lúcias Haare. Noch einmal betrachtete sie ihre Turnschuhe: Es war ihr Garten, den sie sah. Es genügte, dass der wütende Wind den Regenschauer ankündigte, damit jener Kindheitsgeruch nach feuchter Erde wiederkam und Lúcia sich glücklich fühlte. An das Fenster des Hauses gelehnt, zählte Lúcia die Wolken, die sich über der Welt bildeten und miteinander spielten. Und es waren Tierchen, und es waren Grimassen, und es waren Geschichten.

Und sie schmollten, reglos, gerissen, verletzt. Und da kamen die schweren Tropfen, die das Zinkdach massakrierten. Jene Gardine leckte die Welt ab, und Lúcia rannte in den schlammigen Garten und trat in die Pfützen und tollte mit ihrem Hund herum. Bald kam die Mutter angerannt, um auf der Wäscheleine vergessene Kleidung zu holen, und rief ihr wütend zu, sie sollten reingehen. Und Lúcia hüpfte und lachte, schüttelte den Kopf, machte den Zimmerteppich dreckig, spielte wieder mit dem Hund. Der Hund rannte verzweifelt durch die Gänge, bellend und glücklich. Lúcia war in ihrer Kindheit immer erkältet gewesen. Lúcia zog am Schnürchen, damit der Bus anhalte, und stieg aus.

Sie lag im Bett und wartete. Sie beschloss, ihn nicht bei der Arbeit anzurufen. Es sollte ihre eigene Stimme sein mit ihrem sehnsüchtigen und zärtlichen Klang. Es könnte nicht auf andere Weise geschehen. Sie war unruhig, als sie ihn schließlich hörte. Der Lärm an der Tür. Sie wusste nicht, was zu tun war, ein Hauch in ihrer Brust, und sie dachte daran, sich zu verstecken. Das war das Richtige. Verschwinden. Sie sprach zu sich und studierte schöne Worte ein; aber es war unmöglich. Es geschah, als er an die Tür des Zimmers gelangte und neugierig stehenblieb. Und zum ersten Mal benötigten sie keine Worte, denn kaum hatte er ihre verwirrten Augen gesehen, wusste er, was sich hinter jener glücklichen Angst Lúcias verbarg. Und er schenkte ihr ein ehrliches Lächeln, welches Lúcia an den ersten Tag erinnerte, an jenen Moment, an dem sie wusste, dass er es war und nur er; sie drückten sich kaum die Hände und begrüßten sich. Nun waren sie am Ziel.

Sie betrat die Eingangshalle. Sie fuhr mit dem Fahrstuhl hinauf. Sie stellte die Einkäufe in der Küche ab.

Sie legte sich auf das Sofa. Sie zog die Turnschuhe aus und beobachtete ihre vor der weißen Decke schwebenden Füße. Sie tat so, als würde sie laufen, und lief: in den Wolken, mit dem Kopf auf dem Boden. Sie entspannte die Beine. Durch einen Spalt im Vorhang sah sie eine einzelne Wolke: eine uralte Schildkröte, die über das Viertel segelte. Sie wünschte sich einen Windstoß; und bald wünschte sie sich, dass der Geruch der feuchten Erde in alle Ecken der Wohnung eindringe. Sie bildete sich ein, Donnergrollen zu hören, der aufgeladene Himmel grunzte dankbar. Und sie stand auf und schob die Vorhänge zur Seite. Aber sie stand auf, um bloß überrascht zu sein: Denn es fiel schwer, in der Helligkeit des Nachmittags an eine totale Abwesenheit dunkler Wolken zu glauben, daran, dass es nur eine schüchterne Schildkröte gab, die in diesem tiefen, spektralblauen Meer schwamm. Einen Augenblick lang fühlte sie sich orientierungslos: aber nur für einen Augenblick. Und tatkräftig beschloss Lúcia, die gesamte Kleidung von der Wäscheleine zu nehmen, was aber schließlich nicht möglich war. Denn sie war so glücklich, und ihre Finger waren Rubine, und ihr Mund weich, sodass sie keine Zweifel hatte: Es würde regnen, für immer.

übersetzt von Christoph Joaquim Kaiser

ANÍBAL M. MACHADO

Die tote Standartenträgerin

Was nützt es dem Schwarzen, ständig in Richtung Mangue oder zum Zentralbahnhof zu schauen, zur Central do Brasil?

Madureira ist weit weg, und die Geliebte wird erst nach Mitternacht auf dem Platz eintreffen, an der Spitze ihrer Truppe.

Ihn quält die Vorstellung, dass sie mit ihrer Anwesenheit allen den Kopf verdrehen könnte, und es wird der Höhepunkt der Nacht sein.

Wenn der Schwarze wüsste, was für ein finsteres Licht seine Augen ausstrahlen und dass sie es entkommen lassen wie die ersten Rauchschwaden, die aus den Ritzen eines Hauses dringen, in dem das Feuer gerade erst ausgebrochen ist! ...

Alle bemerken, dass er unruhig ist, dass ihn eine Leidenschaft innerlich verbrennt. Aber nur durch seinen Blick kann man in seiner Seele lesen, denn ansonsten bleibt der Dunkelhäutige geheimnisvoll, eingeschlossen in seiner eigenen Haut, wie in einer Kiste aus Ebenholz.

Warum hat er sich nicht seinem Trupp angeschlossen? Und warum tanzt er nicht? Ist nicht eben eine Schwarze vorbeigelaufen, die ihn am Arm zog, ihn aufforderte? Es war das Mädchen des Abends, er hätte ihr folgen sollen ...

Es ist das Bild der anderen Frau, das er nicht aus dem Kopf bekommt, das ihn nichts anderes sehen lässt. Schließlich gehört ihm die andere noch nicht, sie gehört zu ihrer Truppe; er hätte ihr nicht verbieten sollen rauszugehen. Hatte sie es ihm etwa bewiesen? Er muss ein wenig Geduld haben: Jener Körper ist ihm schon versprochen worden, später wird er seiner sein ...

So über den Platz zu gehen, alle werden misstrauisch ... Mehr noch jetzt, da sie seinen Samba spielen … Er wirkt finster, unruhig, hört seine Musik nicht, besessen von der Idee, seine Geliebte könnte einem anderen gehören, einen anderen umarmen … Der Schwarze irrt sich. Die Matrosen sind nicht stärker als er, nicht einmal die Hafenarbeiter …

Auch ist keiner so gut angezogen wie er. Doch Rosinha mag nun mal ihn, hebt sich für ihn auf. Ist es vielleicht die Angst vor dem Kleid, mit dem sie heute ausgehen soll, dieses Kleid, in dem sie wunderschön aussieht, »eine Königin von Kopf bis Fuß«? Sein Leiden entstammt der Gewissheit, dass es unmöglich ist, jemand könne Rosinha ansehen, ohne sich zu verlieben. Doch er ist weit davon entfernt zu denken, sie könnte ihre Liebe verteilen wollen.

Der Schwarze wird traurig.

Und er ängstigt sich sogar vor den Bedrohungen der Nacht, vor dieser Praça Onze, die zu einer wahnsinnigen Flut anschwillt.

Der Platz trat über die Ufer. Von den Zuflüssen, die ihn füllten, waren die aus dem Norden der Stadt und die von den Hügeln kommenden diejenigen, die die größte Flut von Menschen mit sich führten. Der tiefhängende Himmel sog die Stimmen des Gesangs und die ineinander verschmelzenden Klänge Hunderter Pandeiros, klagender Cuícas und scheppernder Tamborinen auf. Der Schwarze wartete, ohne an der Freude der anderen teilzunehmen, sein Herz klopfte. Erst nachdem Rosinha eingetroffen wäre, würde der Karneval beginnen. Der Schrei der Posaunen lässt seine Muskeln zucken und verursacht einen Zustand vager Nostalgie, untätigen Heldenmutes. Diese Praça Onze, glühend und finster, gibt es wohl einen Ort in Brasilien, wo es in dieser endlosen Nacht mehr explodierendes Leben, mehr Bewegung und menschlichen Lärm gibt als in diesem widerhallenden und bunten Aquarium, in dem die Häuser, die Brücken, die Bäume, die Laternen mit den Geschöpfen als Komplizen zu beben und zu tanzen scheinen, eingeladen von einem dunklen Gott, der alle mit dieser apokalyptischen Posaune zusammengerufen hat? ...

Der ganze Platz singt, bebt. Nicht lange, und Rosinhas Körper würde wie ein Blütenblatt über ihn treiben. Die Leute machen den Trupps Platz, die sich unter Drängeln und Schreien einen Weg durch die Menge bahnen.

»Jerônimo, rede besser nicht so viel! Achte auf die da! Eine Jungfrau.«

Neue Gesänge brechen los. *Die Furchtlosen von Quintino*, *Die Besessenen von Ramos* ziehen vorüber. Die Leute rennen, um sie zu sehen. Freunde werden getrennt, Töchter gehen ihren Müttern verloren, Kinder verlaufen sich. Über den Menschenwogen flattern die Standarten wie Segel. Und an den Wellenbewegungen dieser Fähnchen erkennen die, die nicht näher herankommen, die Bewegungen der Standartenträgerinnen.

Man sieht ihre Körper nicht, den Rhythmus der Schritte erkennt man im erhobenen Stoff. Aber es schien, als sähe man den ganzen Körper, so getreu war ihr Bild in der Bewegung der Fahnen.

»Oh, die dahinten, was für ein Koloss! ... Schade, dass man sie nicht sehen kann; aber sie ist eine Mulattin, ganz bestimmt ...«

»Ha, wie diese da auf der anderen Seite tanzen muss! ... Bestimmt erst achtzehn ... stramme Schenkel ... ziemlich verrückt ...«

»Die, die Standarte trägt, die dort, die muss von einem anderen Stern sein. Mit Sicherheit eine Schwarze ... Schau nur, wie die Flagge sich bewegt, wie die Flagge mit ihr Samba tanzt ...«

»Bei dem Gewackel werden wir es bestimmt bald wissen.«

Dutzende Standarten schienen zu sprechen, überbrachten brennende Nachrichten, schüttelten sich, drehten sich, hielten schwächer werdend inne, beugten sich zum Küssen, flüchteten ...

»Ich kann mir vorstellen, wie die Brüste von der da wackeln, da hinten; sicher schwitzt diese Teufelin ... Was für ein Rasseweib.«

»Halt den Mund, Jerônimo ... Sonst wirst du noch was abbekommen ...«

Die Truppen kreuzen ihre Wege, die Gesänge vermischen sich. Nun schwillt ein fürchterlicher Trommelwirbel an. Ein großartiger Trupp kündigt sich an. Der liebevolle Schwarze deutet die ampelgleichen Signale der Standarten, die aus Richtung der Praça da República kommen. Der Farbige durchpflügt die Massen, platziert seinen enormen Körper so, dass er sehr nah ist. Er lauscht angestrengt, um zu erfahren, ob es der Gesang seiner Truppe ist. Der Lärm ist enorm. Es sind einige Noten der Hymne ... Er spürt einen Schauder. Wird sie in jenem Kleid kommen? Während die Mulattin von einer Welle des Triumphes näher herangetragen wird, wird er inmitten der Masse noch trauriger.

Würde er diesen Ort jetzt verlassen wollen, dann könnte er es nicht mehr, er fühlt sich wie angewachsen. Das hohle Klagen einer nahen Cuíca dröhnt ihm tief in seinem Herzen. – Cuíca, böses Vorzeichen, du wirst in der Hölle brummen ... Das wird sie sein, mein Gott! ...

Der Schwarze zittert. Aber sie kann es nicht sein. Wenn Rosinha erscheint, kann keiner widerstehen, Begeisterung, allgemeine Bewunderung ... Davon ist nichts zu bemerken ... Sogar die Luft verändert sich. Und die Standarte, die erscheint, ist aus blauem Samt, mit einem Bild des heiligen Michael zwischen Sternen und den Insignien der Truppe. Noch ist es nicht der Trupp von Madureira.

Der Schwarze hat sich getäuscht. Er ist erleichtert. Besser so. Er denkt daran wegzugehen, auf alles zu verzichten. Am nächsten Tag, in der Werkstatt in Engenho de Dentro, wird er sich leicht fühlen, während er die Schläge auf dem Amboss und das Rauschen der Riemenscheibe hört. Sollten ihn die

Kollegen fragen, warum er nicht dort war, wird er sagen, dass er krank gewesen sei, auf der Beerdigung eines Verwandten, einer Tante zum Beispiel. Er ist sogar dazu bereit, jetzt nach Hause zu gehen. Sollen sie ihn doch für einen Schwächling halten, wenn sie wollen.

Falls Rosinha nicht gehorcht und zum Platz kommt, ist es nicht schlimm. Er ist auch bereit, sich nicht darum zu scheren ... Er wird nicht einmal nachfragen, ob sie Erfolg hatte, ob sich noch jemand in sie verliebte, ob Geraldo, dieses Schwein, immer noch so überaus höflich zu ihr war. Morgen, bei der Arbeit, wird das Leben wieder beginnen, er wird erneut frei sein. Soll Rosinha doch danach zu ihm kommen. Er ist ein Mann und stark. Was bei einem Mann zählt, ist der Wille. Außerdem geht eine Nacht schnell vorbei. Er wird den Kopf unter das Kopfkissen stecken, und das Unglück wäre vorüber. Er wird den Schlaf um Hilfe bitten. Er hat schon Lust zu schlafen. Es wäre nicht schlecht, wenn in der Zwischenzeit ein Unwetter hereinbräche. So würde Rosinha wenigstens nicht an der Spitze der Truppe marschieren ... Oh, wie ihm das gefallen würde, wie er auf ein Gewitter hoffte, das ihr Kleid ruinieren würde. Eines von diesen, die alles überfluten, Häuser niederreißen, Straßenbahnen zum Halten bringen und eine allgemeine Ernüchterung mit sich bringen. Im Grunde hasst er sogar den Karneval ...

In der Nähe spielen sie jetzt einen Samba, der die Steine tanzen lässt. Alle machen mit. Nur er steht still, unter dem Gewicht eines riesigen Schmerzes. Die Mulattinen gehen dicht an ihm vorbei, sehr aufreizend; sie lachen, sagen etwas. Heute geht er darauf nicht ein. Er schämt sich sogar, so anders zu sein. So war er nie. Beim Fußball, bei der Arbeit, beim Streik, auf den Feiern war er immer der Lebhafteste. Seit einiger Zeit regte sich und wuchs in seiner Brust etwas Tiefes und Fremdartiges, ein schlechter Einfluss, der, wie abwegig, dem Körper Rosinhas zu entspringen schien, als trüge sie irgendeine Schuld. Rosinha trifft keine Schuld. Was für eine Schuld hat seine Freundin? – Das ist die Wahrheit.

Und er leidet, der Schwarze. Die Glücklichen vergnügen sich. Besser, man wäre wie die anderen, wie irgendeiner der anderen, dem die Schwarze noch gehören könnte, als jemand wie er zu sein, dem sie entkommen kann. Ein Mädchen wie Rosinha, das Glück, sie zu besitzen, so groß es auch sei, ist nicht so groß wie die Angst, sie zu verlieren. Der Schwarze seufzt und spürt eine dumpfe Wut gegen Geraldo, das Schwein.

Er war es, der ihm seiner Meinung nach am ehesten die Freundin entreißen könnte. Dann gab es noch Armadinho, aber der war in Ordnung; der war tatsächlich sein Freund, unfähig, ihn zu verraten. Er spürte ein unerklärliches Vertrauen gegenüber Armadinho.

Seine Füße tragen ihn nun ziellos umher. Samba- und Marschfetzen dringen an seine Ohren, legen sich auf seine Seele:

Unsere Liebe
War eine Flamme …
Nun ist sie Asche,
Alles zu Ende
Und sonst nichts …

Alles zu Ende, alles Trauer, verflucht! … Junge Sambatänzerinnen, die abhauen, leere Betten, Unglück. Nie, nie hat man ihm so wehgetan, ihm solche Hörner aufgesetzt. Dafür ist er nicht gemacht, er ist nicht zum Leiden bestimmt. Die Sambamusik stört ihn. Warum tanzt er nicht wie die anderen?

Der Schwarze zögert. Die Zeit vergeht, und der Trupp von Madureira kommt vielleicht überhaupt nicht mehr. Die englischen Touristen, Mutter und Tochter, beobachten das Spektakel von Weitem, und Angst vermischt sich mit Neugier:

»Geh nicht zu nah ran, meine Tochter, sie kommen näher ...«

Vor den Augen der *Miss* zieht ein imposanter ebenholzfarbener Torso vorüber. Sie gerät in Verwirrung, wird aufgeregt:

»Ich hätte Lust, mit einem zu tanzen ... darf ich?«

»*You are crazy, Amy!* ...«

Plötzlich erschrecken sich die Touristen. Hinten auf dem Platz setzt Tumult und Panik ein. Man hört Pfiffe. Die Stahltüren schließen sich mit Getöse. Die Gesänge der Sambaschulen gehen noch lebendiger weiter, erfüllen die staubige Luft mit Musik.

Die Engländerin ist aufgebracht, tritt durch eine halboffene Tür.

»Ein Mädchen wurde umgebracht!«

Die Nachricht, die von der Ecke der Rua Santana gekommen war, danach um die Escola Benjamin Constant gekreist war, verbreitete sich nun überall und alarmierte die Mütter.

»Ein Mädchen wurde umgebracht«, sagte man in den Bars, »umgebracht, ja, sie haben ein Mädchen umgebracht! ...«

»Wie grausam, ein Mädchen umzubringen, an einem Tag der Freude! Ist das denn möglich? ...«

»Ja, umgebracht, meine Dame, ich schwöre Ihnen, sie wurde umgebracht.«

»Wie sah sie aus? Haben Sie sie gesehen?«

»Man sagt, sie sei schwarz, so um die neunzehn.«

»Schwarz? Neunzehn Jahre! .. Oh mein Gott! Das könnte meine Tochter sein! ... Schnell, sagen Sie mir, wie sieht sie aus? ...«

Voller Vorahnung nähert sich eine andere Frau dem Informanten:

»Der Mann, der bei ihr war, war schwarz, nicht wahr? Trug er weiße Kleidung? ... Und hatte er eine Narbe? Oh weh, wenn ja, dann sagen Sie nichts mehr ... Sagen Sie nichts mehr! Oh mein Gott, man hat meine Tochter umgebracht! ... Nenucha! Nenucha! Wo ist Nenucha? ...«

Die Mütter machen sich auf die Suche nach ihren Töchtern. Jede hat eine Tochter, die die Getötete sein könnte. [...]

Die tote Mulattin hatte eine Rose in ihrem krausen Haar. Ein Maskierter zog seiner Gefährtin die Mantille ab, faltete sie und legte sie der Toten als Kopfkissen unter. Das Verbrechen des Schwarzen hatte eine stille Lichtung inmitten der Menge geöffnet. Alle waren starr vor Schreck, als sie Rosinha die Augen schließen sahen. Der Schwarze kniete und trank stumm ihr letztes Lächeln und wiegte den Kopf von einer Seite zur anderen, als betrachtete er ein Kind.

Während man noch Applaus für die Gruppe von Mangueira hörte, erschien schon eine andere Sambaschule auf der Mangue. Als der Gesang näherkam, schien es, als würde die Mulattin wieder aufstehen. Und sie lächelte, als wäre sie lebendig, als hörte sie die Worte, die der Mörder ihr jetzt ganz leise ins Ohr flüsterte.

Der Schwarze wendet seinen Blick nicht vom Opfer ab. Sie schien zu lächeln; es waren die Schaulustigen, die weinen wollten. Jeden Moment hätte sie sich aufrichten können, um zu tanzen. Die Tote hatte weder Mutter noch Verwandte, sie hatte nur ihren eigenen Mörder, um sie zu beweinen. Er ist es, der ihr über das Haar streicht, lange und vertraulich zu ihr spricht, sie beim Namen nennt:

»Es ist Zeit, Rosinha ... Steh auf, Schatz ... Jetzt kommt die *Lira do Amor* ... Rosinha, du beachtest mich nicht! Jetzt ist nicht die Zeit zum Schlafen ... Schnell, sonst verlieren wir uns. Was ist passiert? Bist du gestürzt? Wie ist das passiert? ... War ich das? Ich? ... Nein, nicht ich! Rosinha ...«

Er geht in die Knie, um sie zu küssen. Diejenigen, die nicht weichen wollten, zogen sich nun zurück. Der Mörder weiß nicht mehr genau, wo er ist. Er wird jetzt zu einem Ort geführt, der ihm gleichgültig ist.

Dass ihn jetzt bloß niemand stört. Nehmt eure Hände weg. Rosinha schläft ... Weckt Rosinha nicht auf. Man braucht ihn nicht festzuhalten, denn er ist nicht betrunken ... Der Himmel senkte sich, öffnete sich ... Dieses Unwetter ist gut so, weil Rosinha nicht rausgeht.

Habt Geduld ... Rosinha dort zurücklassen, er lässt sie nicht los ... Nein! Und diese Trommeln? Hui! Was für ein starker Wind ... Es ist Krieg ... er wird fallen ... Warum dreschen sie auf seinen Kopf ein? ... So läuft das auf dem Amboss des Engenho de Dentro ... Haut ab, denn er kämpft um sie ... Er ist tapfer ... Man metzelt keinen Arbeiter auf diese Weise nieder ... Sie blockieren seinen Weg zu Rosinha ... Wenn sie so pfeifen, dann wecken sie sie auf ... Sie ist schon bewusstlos ... Gleitet in den Äther ... Lassen Sie ihn durch ... Die anderen bleiben auf dem Boden ... Bleiben Sie dort ... Er wird Rosinha aus dem Bett reißen ... Sie schläft, Rosinha ... Mit ihr flüchten, in den letzten Winkel des Landes ... Sie ganz oben auf einem Hügel umarmen ...

übersetzt von Dirk Brunke und Jan Steinbach

CAETANO VELOSO

Der Fremde

Der Maler Paul Gauguin liebte das Licht der Bucht
von Guanabara
Der Komponist Cole Porter verehrte ihre Lichter in
der Nacht
Die Bucht von Guanabara
Der Anthropologe Claude Lévi-Strauss verabscheute
die Bucht von Guanabara
Sie schien ihm wie ein Mund, in dem Zähne fehlen
Und ich – hätte ich sie weniger gekannt, hätte ich
sie mehr geliebt?
Ich bin blind, sie ständig zu sehen, immer vor dem
Stern zu stehen
Wann ist eine Sache schön?
Liebe macht blind
Ray Charles ist blind
Stevie Wonder ist blind
Und der Albino Hermeto sieht auch nicht genug
Ein Wal, eine Seifenoper, eine Laute, ein Zug?
Ein Ara?
Aber sie war schön und zahnlos zur gleichen Zeit,
die Guanabara
Der Raum, in dem ein seltsamer Albtraum spielte,
spielt und spielen wird
Und mit der Suche nach dem Schönen, dem Bitteren
fange ich an, ihn vor mir aufzubauen.
Ich träumte nicht:
Der Strand von Botafogo war ein Fahrsteig aus
weißem Sand und Dieselöl
Unter meinen Turnschuhen
Und der Zuckerhut weniger offensichtlich als
möglich
Vor mir
Ein Zuckerhut mit ungeahnten Kanten
Im rauen orangefarbenen Licht gegen das Fast-
Nicht-Licht, fast nicht Purpurne

Des Weißen von Sand und Wellenschaum
Das war alles, was es an Morgenröte gab
Hinter mir gehen ein alter Mann mit Nasenhaaren
Und ein Mädchen noch jugendlich und sehr hübsch
Ich weiß alles, schaue aber nicht zurück
[...]

übersetzt von Sarah Gieseker

JOÃO GILBERTO NOLL

Die Jungfrau

Eine Jungfrau aus Barra Mansa? Wer hätte das gedacht, dass sie die Jungfrau verehrt und erst seit drei Monaten in Rio ist und mit drei anderen Mädchen aus ihrem Ort die Wohnung teilt und morgen, wenn ihr Bruder mit dem Bus aus São Paulo kommt, neunzehn wird und dass er vor Sorgen darüber, welche Stachel im Fleisch und Enthüllungen sein Verhör zutage fördern kann, ganz aufgeregt bei ihr erscheinen wird? Aber seht und hört euch die Jungfrau von Barra Mansa vorher an. Zieht selbst eure Schlüsse. Da betritt sie am Vorabend ihres Geburtstages den muffigen Schauplatz einer Nacht und verzehrt sich im Bett. Achtet auf das düstere Schlafzimmer und die Kerze, wie man sie heutzutage nirgends mehr für eine Unbefleckte Jungfrau oder ein Unbeflecktes Herz Mariä brennen sieht. Sie blickt in den hellen Nachtnebel und stellt sich tot wie der Körper, wenn er schmerzt. Er schmerzt, aber sie nimmt nicht wahr, dass sie es fühlt. Vorläufig geht sie ihren Leidensweg. Die Lippen leicht geöffnet, die Brüste ganz umsonst prächtig, der Schoß mächtig gewappnet und bewacht – so sehr Aschenbrödel, dass die Leute sogar meinen, alles sei falsch und eitel. Nein, das ist es nicht. Sehen wir doch genau hin: Das alles gibt es nicht mehr, und doch findet es sich noch hinter jeder Haustür der Rua Barata Ribeiro, diesem kaum bekannten Fegefeuer. Es ist heiß, und alle wissen es. Nur sie nicht, die glaubt, sie lebe in eisigen Regionen. Und doch kämpft sie gegen das Fieber. Langweilig, werden die etwas Weltgewandteren sagen, jene, die nicht an Jungfrauen in Gemeinschaftswohnungen glauben. Aber sie kann nichts dafür, dass sie ständig eiskalte Füße hat. Das Blut gerät in Wallung und aus der Bahn. Arme Jungfrau aus Barra Mansa. Sie wird keinen Widerstand leisten können. Sie ist schwach.

Aber machen wir uns keine Gedanken um Vorweggenommenes. Die Jungfrau will ihre enthemmten Minuten erleben. Lasst sie am Leben, damit sie das Opfer genießen kann. Morgen kommt ihr Bruder, und jetzt spricht sie ganz zu sich selbst. Dieses Fleisch ist bleich und rein und läutert seine Lust in einem qualvollen Selbstverhör. Hört sie an:

»Nur einmal, das schwöre ich bei Gott und allen Heiligen! Es war Sabóia, ein Kollege von der NTRKLOPI, wo ich seit zweieinhalb Monaten ganztags Telefonistin bin, es war Sabóia, und wir waren an der Barra da Tijuca zum Tanzen, danach lud er mich in seine Wohnung ein, und ich ging mit in dem Glauben, dass nichts passieren würde, das schwöre ich! Wir gingen fünf Stockwerke zu Fuß hinauf, weil kein Strom da war, es war anstrengend, noch unten auf dem Bürgersteig presste er mich an sich und verlangte, ich sollte sagen, ich liebe dich, sag, ich liebe dich, ich sagte, ich liebe dich, er antwortete, wir lieben uns, er antwortete, komm, wir gehen gleich nach oben, damit wir in die Wohnung kommen und die Platte von Waleska hören können, die ich gestern gekauft habe, oder magst du keine sentimentale Musik? Ich mag sie, schon als Junge mochte ich Maysa, schade, dass sie tot ist, so eine verdammte Finsternis, die Tür geht nicht auf, so, jetzt, diese blöde Tür, komm rein, mein Schatz, pass auf, dass du dich nirgends stößt, hier steht ein Tisch, hier ein Stuhl, der Fernseher, das Sofa, stoß nicht gegen den Fernseher. Vorsicht! Und er setzte sich hin und zog mich auf seinen Schoß und schob mir seine Hand in den Ausschnitt, griff nach einer Brust und schnappte über der Bluse nach der anderen, ich gebe zu, dass ich allmählich feucht wurde, rundherum alles dunkel und ich wahnsinnig vor Angst und ganz feucht, ich wollte um Hilfe rufen, schämte mich aber zu schreien, da riss er mir schon das Höschen runter und wollte mir einen Finger ins Geschlecht stecken, und ich sagte, hör auf, er antwortete, mein Schatz, wir wollen doch ein bisschen Spaß haben, liebst du mich oder liebst du mich nicht? Liebe ich dich oder liebe ich dich nicht? Und er öffnete den Verschluss von meinem Rock und warf mich in der Dunkelheit aufs Sofa und fiel über mich her, und ich glaube, er war schon nackt, und plötzlich schob er mir etwas in den Mund, und da ging das Licht an, und ich hatte dieses Ding da im Mund, ich würgte, und er stieß und stieß, bis mir etwas Warmes in die Kehle klatschte und er sein Ding da aus meinem Mund holte und sich auf die Seite warf. Und das Fenster stand weit offen, die Gardinen wehten, weil ein Unwetter aufkam, das dann doch nicht kam, und ich stand auf, bedeckte mich mit den Kleidern, hatte keine Zeit, sie anzuziehen, ich lief zum Fenster, spuckte nach unten, und dann machte ich das Fenster zu und zog die Gardinen vor, und er sah mich weiter so an, als wollte er noch mehr, und ich sagte Nein, Schluss, ich gehe, ich nehme unten ein Taxi, brauchst nicht mitzukommen, brauchst gar nichts, und ich zog das ganze Zeug an, verhedderte mich, schrammte mich, spürte einen merkwürdigen Geruch, so wie manchmal im Kino, einen Geruch, den ich weder erklären kann noch will, ich weiß nur, dass ich die fünf Stockwerke runtergelaufen bin und dabei diesen Geschmack auf die Stufen gespuckt habe, bis ich in einer Straße von Botafogo stand, ein Nachtwächter pfiff an einer Ecke, kein Taxi, der Nachtwächter setzte ein so gemeines Grinsen auf, dass ich eine ganze Weile bewusst gar nichts mehr sah, und als ich endlich wieder zu mir kam, stand ich schon mit erhobenem Arm am Strand von Botafogo und winkte ein Taxi heran, und dann kriegte ich einen Heidenschreck, denn der Taxifahrer sah aus wie mein Vater, der vor drei Monaten, kurz bevor ich aus Barra Mansa wegging, gestorben war, es fehlte nur noch die Schleife der Marienkongregation, die der Priester beim Schließen des Sarges herausgenommen und mir zum Andenken gegeben hatte ...«

Ob der Schlaf gleich kam oder ob sie wach liegen blieb, spielt keine Rolle. Es wurde Morgen. Und sie verbrachte den Vormittag mit der Zubereitung der Feijoada für den Bruder, der am Nachmittag kommen sollte. Wie vereinbart kam er am Nachmittag an, sie redeten wenig, sprachen von den toten Eltern, erzählten spärlich von ihrer jeweiligen Arbeit und sahen sich kaum oder gar nicht in die Augen. Er mit schmalem, gefärbtem Schnurrbart, wie ihn keiner mehr trägt, stopfte sich, bis er nicht mehr konnte, mit der Feijoada voll, die sie auf den Tisch gestellt hatte, sowie das erste Schweigen eingetreten war.

»Möchtest du nicht noch was?«, wollte sie ihn überreden.

»Hast du nicht gesehen, wie viel ich schon gegessen habe?«

Da ging sie in die Küche und wusch das Geschirr ab, während er sich auf die Bettcouch setzte und fernsah. Die Mädchen, die mit ihr die Wohnung teilten, waren zum Wochenende in Barra Mansa. Rio und diese Gemeinschaftswohnung. Es war schon Abend, als der Bruder sie rief, um die Nachrichten zu sehen. Hast du keine Lust? Sie antwortete von der Küchentür: »Doch«, und kam und setzte sich neben ihn. Der Sprecher verlas eine offizielle Mitteilung, dass die Polizei drei Studenten verhaftet hatte, die gegen die Nationale Sicherheit verstoßende Flugblätter verteilt hatten. Er schaltete den Fernseher aus und sagte, Fernsehen, Zeitungen, Zeitschriften interessierten ihn nicht mehr, weil sie nur die Verderbtheit, Unanständigkeit, Obszönität der Welt zeigten. »Die Obs…was ?«, murmelte sie. Aber er hörte es nicht und machte es sich auf der Bettcouch bequem und sagte, dass er anders denke, seit er in eine Organisation eingetreten sei, die sich *Für die Moral des brasilianischen Volkes* nenne, und dass er jetzt wisse, dass Moral und Sitten verdürben, dass die Frauen keine Jungfrauen mehr seien, dass die Feinde der Gesellschaft mit aller Macht versuchten, das zu untergraben, was in ihr noch an Gutem vorhanden sei, dass die Mitglieder seiner Organisation die Ansicht vertraten, man müsse heute einen heiligen Krieg führen, müsse rein und keusch bleiben und gleichzeitig die Feinde der Gesellschaft mit ihren eigenen Waffen bekämpfen, sonst ginge es mit der Gesellschaft, mit Familie, Vaterland und Gott zu Ende, denn es nütze nichts, diese Leute mit Gefängnis zu bestrafen, man müsse dem Bösen mit Stärke begegnen, weniger nachsichtig sein. Da sah sie ein Päckchen auf dem Schoß des Bruders, sah, dass er das Päckchen öffnete, eine Pistole herausholte, eine kleine Waffe mit kurzem Lauf, so eine, die überhaupt keinen Krach macht, sagte er, die ganz geräuschlos tötet, und die Waffe lag schon in ihrer kalten Hand, da, du kannst sie anfassen, ansehen, ist überhaupt nicht gefährlich, kannst sie ansehen. Dann presste er mit wahnsinniger Kraft die Hand der Schwester zusammen, brach ihr fast die eiskalten Finger über der Waffe und wiederholte die Sätze, die er gerade gesagt hatte, und redete weiter, sagte, dass er sie brauche als Verbündete, dass die Waffe jetzt ihr gehöre, damit sie sich vor der Stadt schützen könne, und dass er dafür von ihr verlange, dass sie keusch bleibe wie die Unbefleckte Jungfrau Maria, dass sie möglichst nicht heirate, dass sie sich in einem Kloster oder auch direkt bei NTRKLOPI Gott schenke, dass sie nirgendwohin mit Männern gehe, dass die Männer in der Stadt an ein ausschweifendes und sündiges Leben gewöhnt seien, dass sie nur auf diese Weise ihre Seele nicht verlieren würde, dass die Seele zu verlieren das größte Unglück sei, das jemand sich selbst zufügen könne, und dass sie deshalb die Waffe überallhin mitnehmen müsse, dass sie auf den ersten Mann, der sie zu berühren versuche, schießen solle, denn beim Mann sei die Keuschheit etwas Gutes, aber bei der Frau die ureigene göttliche Natur, und dass der größte Verbrecher, dem Gott niemals vergebe, der sei, welcher die göttliche Natur, die er in sich trägt, besudelt.

Sie warf sich gegen die Sofalehne und sagte Ja, Ja, Ja. Ihr Schoß hart wie Stein, die Beine steif zusammengepresst. Da sah der Bruder sie an, als wäre er zufrieden. Doch die Zufriedenheit hielt nicht lange an, und er beugte sich nun gänzlich vor, die Tropfen aus seinem großen Mund zielten auf ihre kurzsichtigen Augen, während er sie brutal niederdrückte und verlangte, sie solle auf der Stelle schwören, dass sie niemals, zu keiner Zeit einem Mann erlaubt habe, sie zu berühren, schwören, dass sie so rein und fromm bleiben werde, wobei ein Tropfen Spucke ihres Bruders auf ihrem linken Auge zerplatzte, in seinem Wahn verlangte er, sie solle schwören, bei Gott und der Jungfrau Maria und ihren toten Eltern, die aus Aufopferung für die beiden Kinder gestorben seien, denn die Mutter sei nicht am Krebs gestorben und der Vater nicht am Herzen, vielmehr hätten die Sünden der beiden Kinder sie ins Grab gebracht, und jetzt hör mir zu, sieh mich an, hör mir zu, sieh mich ganz genau an, dein Bruder, der dein Bestes will, fleht dich an, schwöre, schwöre, dass du dein Leben lang eine Jungfrau Maria bleiben wirst, denn nur dann wirst du nach deinem Tod das Antlitz Gottes sehen, und um das Antlitz Gottes zu sehen, darf man sogar töten, und deshalb flehe ich dich an, schwöre es – der Lauf der Waffe presste sich auf ihre Lippen, die bereits aufgeplatzten und blutenden Lippen wurden kraftlos und wollten nachgeben, während ihr Bruder schwöre es, schwöre es keuchte, und ihre Zunge berührte schon den warmen Lauf.

Und als der Bruder die Hand, mit der sie den Revolver hielt, zusammenpresste, bis der Ekel zu unerträglichem Schmerz wurde, spürte sie den gleichen warmen Geschmack, wie er in der Nacht in Sabóias Wohnung in ihrer Kehle zerbarst, und mit letzter Stimme stieß sie ächzend hervor: Ich schwöre.

übersetzt von Karin von Schweder-Schreiner

LUIZ RUFFATO

Glück hatte Sandra

Die Sandra, die hatte Glück: Ihre Füßchen, im salzigen Wasser der Strände von Bica und Engenhoca getauft auf der Ilha do Governador – als sie dort wohnten in Cacuia und Morro do Dendê –, vergaßen den Schleichweg nach Rio de Janeiro nie. Selbst als sie, sie war fast noch ein Kind, in den Schluchten von Cataguases feststeckte, hielt sie sich für eine Carioca und pflegte den singenden, flüsternden Tonfall und die ausladenden Gesten der »Leute aus der Stadt« und hasste jeden heraufziehenden Morgen in dem stickigen und traurigen Kämmerchen im Stadtteil Ana Carrara. Die Schule ließ sie schnell sausen, zur Begeisterung ihrer Mutter und von Zezé, ihrem älteren Bruder, der nach dem Tode des Vaters zum Oberhaupt der verstümmelten Familie geworden war. Einer Familie, die es in Wahrheit nur auf einem Foto gegeben hatte, das eines fernen siebten Septembers entstanden war *wie alt war sie da? fünf? sechs?* mit zehn unkenntlichen und für immer erstarrten Gesichtern darauf, drei Männern (der Junim noch auf dem Arm) und sechs Dummen – nur eine einzige Helle, sie, Sandra, die alles andere war als blöd. Nádia und Evelina verschwanden in die Welt hinaus; Cláudia ist fromm geworden und lebt zwischen Gottesdienst, Mann und einer Schar Kinder; Maura ist eine traurige Jungfer geworden; Beatriz tot ... die Mutter tot ... eine unförmige Truppe kopfloser Frauen.

Aber ... Aber sie wusste, dass sie anders war. Dona Diana, die Frau von Doktor Manuel Prata, hätte auch Maura aussuchen können, die war schon achtzehn, doch sie fand Gefallen an ihr, die nicht einmal sechzehn war, voll des Lobes. **Dona Nazaré, ihre Tochter ist pfiffig, aber ganz ehrlich, viel Zukunft hat sie nicht, abgestellt hier in Cataguases. Warum**

geben Sie der Armen nicht eine Chance?, leierte sie und ließ Träume entstehen. Noch zwei-, dreimal kam sie, ließ den Escort vor dem Haus laufen und lehnte ab, wenn die Mutter hartnäckig fragte, **Möchten Sie nicht aussteigen?, einen Kaffee?, Wasser?**, unheimlich höflich hinter der Sonnenbrille, **Nein, Dona Nazaré, vielen Dank, ich bin etwas in Eile, ein andermal**, und roch nach reichen Leuten, frisch aus der Wanne, schreckte zurück vor dem staubigen Boden, den Gräben mit schmutzigem Wasser, den Mücken, betrunkenen, schorfigen Straßenkötern, die in der Sonne dösten. Da legte sie sich mit der Mutter an, **Ich gehe!**, stellte sich gegen Zezé, **Du hast mir gar nichts zu sagen!**, beschimpfte Maura, du dumme Kuh!, klaubte ihre paar Sachen zusammen, stopfte sie in eine Nappa-Tasche und war weg.

Wie eine Prinzessin landete sie vorn im Santana der Stadtverwaltung von Cataguases an der Praia de Botafogo, Dona Diana am Kommando des strahlenden Sonntagnachmittags stellte sie vor, **Rafael** macht die Aufnahmeprüfung, **Samuel** wird einmal Anwalt mit Doktor, **Marcela**, beinahe Ärztin, **Meine Goldschätze!**, das winzige Hausmädchenzimmer, dunkel und muffig, ein Bett, Kleiderschrank, eng, **Hier, deine Ecke!** Das Mädchen sah sie nur wenig, sie war tagelang im Hospital von Fundão eingespannt und brauchte nur saubere weiße Wäsche und Essen im Kühlschrank. Samuel dagegen war eklig, ließ überall alles herumliegen, nörgelte, war arrogant, unfreundlich, zynisch, unzufrieden und herrisch. Rafael wiederum war nett, locker, solange der Fernseher lief und etwas zu essen da war. Schon bald langweilte sie sich.

Fünf Monate lang kam sie kaum raus auf die Straße, in der Routine gefangen, aufräumen, putzen, kochen, waschen, bügeln, und mit schlechter Aussicht auf die schmutzige Rückwand des Hauses gegenüber, kurze Besorgungen im Laden an der Ecke, wenn etwas fehlte, die richtigen Einkäufe kamen im Auto mit dem weißen Nummernschild aus Cataguases, immer pünktlich am fünften des Monats, Reis, schwarze Bohnen, braune Bohnen, Minas-Käse, Schmierkäse, Dosenfleisch, Öl, Salz, Kompott in Gläsern. Bis sie herausfand, dass Samuel Marihuana rauchte, bis sie vermutete, dass Marcela in der Wohngemeinschaft ihres Freundes übernachtete, bis sie merkte, dass Rafael sie umgarnte wie ein schüchterner Ziegenbock. **Wenn du mich verpfeifst, mach ich dich fertig!**, grunzte Samuel erschrocken – und sie bemächtigte sich des Freitagabends. **Sandrinha, das bleibt aber unter uns**, flüsterte Marcela besorgt – und so bekam sie den Samstag. Rafael umgarnte sie freundlich – und sie nahm sich den Sonntag.

Es war eine Zeit der Wunder. Freitags verschwand sie in die Zona Norte, nach Abolição, Madureira, Ramos, Oswaldo Cruz – wo immer gerade Pagode gespielt wurde, und kam erst sonntagnachts wieder, spätnachts, Montag früh und rechtschaffen müde. Und wenn sie sagten, **He Sandra, wie sieht das denn hier aus?**, drohte sie, **Schmeißt mich doch raus, *uai!*** und zog sich unter Rafaels schmachtenden Blicken in »ihre Ecke« zurück. Zum Engel wurde sie, wenn alle zwei Monate Dona Diana zur Inspektion kam und Schränke aufriss, Kleiderkommoden, den Kühlschrank, und unter Tischen, Betten und Polstern spionierte, Hausmeister befragte, Hausangestellte, die Nachbarn, **Man sagt ...**, vermutete, **Ach Mutter!, du glaubst doch nicht, was die Leute erzählen?**

Und eines grünweißen Januars lernte sie auf dem Gelände der Sambaschule Imperatriz Leopoldinense in Ramos Fafá kennen, einen stolzen Mulatten, der reden und sich bewegen konnte, witzig war und ein Kavalier. Sie fingen was an miteinander, und die Woche hatte nicht genug Tage für so viel Gefühl. An Karneval verausgabten sie sich – Sandra erwachte im Grau des Aschermittwochs, vierzig Grad, der

Mund trocken, Brummschädel, keine Ahnung, wie sie nach Hause gekommen war mit Konfetti im Haar, voll Henna, Purpurglanz auf der weichen, schwarzen Haut, Shorts, Bluse, hochhackigen Sandalen, und den Verdacht, ihre Liebe, die kaum erblüht war, würde die Fastenzeit nicht überstehen. Als ihr dann schlecht wurde, suchte sie noch in den Straßen und Gassen, den Kneipen und Pinten, Spelunken und Trinkhallen, **Fafá?, kennst du? Fafá?, weißt du nicht mehr?**, vergeblich.

Als ihr Bauch größer wurde, ging sie mit leeren Händen zur Mutter zurück, ihren Kummer im Wasser des Rio Pemba zu wiegen.

Kauê setzte zum Schreien an, entsetzt war die unerfahrene Seglerin – die Großmutter nahm ihn in die Arme, stopfte ihm den Nippel in den Mund und redete weiter, mein Gott, in was für einer Lage!, wie sollte das nun weitergehen mit dem kleinen Heiden?, du bist doch wirklich bescheuert, eine Traumtänzerin, unverantwortlich!, wie konntest du nur auf das Geschwätz des Erstbesten hereinfallen, der dir über den Weg läuft!? Was soll bloß aus dem armen Ding werden?, wenn es schon so auf die Welt kommt, ohne Vater, ohne ein Dach über dem Kopf, nicht einmal ein Bettchen hat es, das Arme!, wäre da nicht die Maura, wäre da nicht Zezé, wäre da nicht der arme Junim, eine ledige Mutter!, Gerede der Nachbarschaft, die ganze Stadt zerriss sich das Maul, warum hatte sie sie bloß aus dem Haus gehen lassen?!, hätte sie vielleicht mit dem Fuß aufgestampft, aber vor Sturheit war ja fast das Haus eingestürzt, ich gehe, und keiner hält mich auf!, das hatte sie nun davon, eine Schande, die Unehre, die Demütigung ... und dieses Jammern begleitete,

den ersten Zahn
die ersten Schritte
die ersten Worte
den ersten Sturz
die ersten Streiche

den ersten Hausarrest
die Erstkommunion
das erste Gekrakel
das erste Heft
die erste Trauer um die Großmutter, kurz vor dem achten Geburtstag,

bis sie sich frei fühlte, nach Rio zurückzugehen, den Platz einzunehmen, den sie für sich beanspruchte – und sich fortan die blöde Maura um das Kind kümmerte.

Anfangs nahm sie Gelegenheitsarbeit an, mehr schlecht als recht, um nicht auf der Straße zu betteln, und wurde dann an der Kasse eines winzigen Supermarkts an der Avenida Nossa Senhora de Copacabana von einem Zona-Sul-Typ entdeckt und verwickelt in Hoffnung auf leichtes und ordentliches Geld. Wurde Tänzerin in einem schicken Nachtclub in Ipanema und lernte alle Arten von Gringos kennen, Deutsche und Japaner, Italiener und Portugiesen, Argentinier und Franzosen, Amerikaner und Engländer, die reich und gierig waren und Dollars bezahlten. Als Dame der Gesellschaft mietete sie sich aus reinem Trotz eine Einzimmerwohnung in der Rua São Clemente in Botafogo, mit Blick auf die Christus-Statue, um die Erinnerung an alte Zeiten im Sklavenhaus zu vergessen, *Marcela und Samuel waren nun Doktoren in Cataguases, Rafael im Ausland …*

Bis sie die undefinierbaren Augen von Fred erblickte, so zerbrechlich, so verlassen, aus São Paulo an einer Kokosmilchbude am Posto Seis des Strandes von Copacabana hängengeblieben. Dreist lud sie ihn auf ein Bier ein, das er zunächst stolz ablehnte. Sie erkannte in ihm fasziniert den Künstler, der lieber arm war, als sich als Barmusiker zu prostituieren vor Typen, die sich für intelligent hielten, **Aber man wird noch von mir hören, du wirst schon sehen**. Da verliebte sie sich. Nahm ihn mit in die Wohnung, schenkte ihm ein Goldkettchen – das er sich beschämt erst zu tragen weigerte –, eine importierte

Ovation-Gitarre, eine Stereoanlage, Schallplatten, Sonnenbrille, Lee-Jeans, Turnschuhe von All Star, solche Dinge, verwöhnte ihn, nur um ihm verführerisch in die Ohren zu schnurren.

Anfangs sträubte er sich noch empört, **Wenn ich erst meine Platte habe, wirst sehen, hol ich dich hier aus diesem Leben raus, das verspreche ich,** seine Tage im Zaum haltend zwischen leeren Bierflaschen am Boden, dem Aschenbecher voller Zigarettenstummel und abgebrannten Joints und die Treppe herabfließender psychedelischer Musik. Nach und nach allerdings nahm er Gestalt an: verschwand mit Freunden, ohne etwas zu sagen, tauchte mit Fremden und derangiert wieder auf, wurde fordernder, herrischer, verächtlich in seiner Art zu reden, sich zu kleiden, sich zu benehmen, **Verdammt, Sandra!, krieg dich ein!** Das Geld, das sie heranschaffte, reichte kaum noch für sie beide, und sie hörte auf, Geld an die Schwester zu schicken, die sich um Kauê kümmerte, **Diesen Monat kam nichts herein, Maura, aber mit Gottes Hilfe ...** Setzte alles ein für den Tag, an dem der Name ihres Mannes, Fred Durão, in allen Schaufenstern stehen würde – die Hinterwäldler von Cataguases würden platzen vor Neid!

Dann war sie schwanger. Überlegte wochenlang, wie sie die Neuigkeit mitteilen solle, fürchtete Freds Reaktion, der sich immer mehr in fragwürdiger Gesellschaft herumtrieb. Als er es erfuhr, zeigte er keine Freude, hatte aber auch nichts dagegen, dass Sandra nicht abtrieb, **kriegen wir schon hin**, sagte er abwesend. Von Wolken umgeben träumte sie, wie sie die Shopping-Center der Stadt durchstreifte auf der Suche nach erlesenen Dingen für die Ausstattung der Tochter *oder wird es ein Junge?* **Diesmal wird alles anders ...** und legte ein Sparbuch an, gemeinsam mit Fred, **für schwierige Zeiten**. Drei Monate vergingen so voller Freude und Überraschungen, bis eines Morgens alle Elektrogeräte in der Einzimmerwohnung fehlten, die Kleidung, die wenigen Wertgegenstände, der ganze Schmuck – auch die Ersparnisse auf der Bank waren weg. Sie überlegte noch, zur Polizei zu gehen, doch dann kehrte sie resigniert zu Maura nach Cataguases zurück, mit leeren Händen wie immer.

Dann, als sie erfuhr, dass sie Aids hatte – sie und Kaíke, der noch ein Säugling war –, ging sie zu Doktor Samuel, der in einem Antrag an die Krankenversicherung durchsetzte, dass sie einen Mindestlohn bekam, bar auf die Hand, jeden fünften Werktag des Monats. Ganz Ana Carrara war sich einig, dass sie Glück gehabt hatte, auf jeden Fall, denn anstatt in Cataguases zu versauern, als Landei hinter dem Waschzuber oder verladen in der Textilfabrik, hatte sie etwas gesehen von der Welt, war herumgekommen, war schlau und gerissen geworden und konnte spazieren gehen, wie ein Pfau durch die Straßen der Stadt ...

übersetzt von Michael Kegler

MIGUEL SANCHES NETO

Erlöser

Nach einigen Kurven hielt das Taxi an einer Ampel, und dort auf dem Beifahrersitz sah er, schläfrig vom Alkohol, die erleuchtete Statue von Christus dem Erlöser, die aus der klaren Nacht hervorragte. Was für ein Schreck.

»Wirklich schön!«

»Wie bitte?«, fragte der Fahrer, während er in den ersten Gang schaltete, um anzufahren.

»Der Erlöser.«

Bis zu diesem Zeitpunkt hatten sie geschwiegen, er war auf der Straße in ein Taxi gestiegen und hatte sich dabei erinnert, dass ein Freund oft davon sprach, es gebe zivilisiertes Leben in Rio, ja, man könne zu jeder Nachtzeit ein Taxi nehmen. Es war fast vier Uhr morgens gewesen, als er das Auto angehalten hatte; erst dann bemerkte er, dass es sich um ein altes Fahrzeug handelte. Er war eingestiegen und hatte es nicht geschafft, sich anzuschnallen, entwürdigt von seinem Rausch.

»Der Gurt ist kaputt«, sagte der Fahrer.

Er setzte sich so hin, als wäre es möglich gewesen, sich anzuschnallen, und bat darum, in die Avenida Nossa Senhora de Copacabana gefahren zu werden.

»Auf welcher Höhe?«

Er wollte sich nicht anmerken lassen, dass er nur zu Besuch in der Stadt war. Erst in der Nähe des Hotels sagte er die genaue Nummer.

Er hatte nichts mehr gesagt, er war sehr müde, am nächsten Tag würde er den Rückflug nach Hause antreten. Aber jetzt, wo er den Erlöser aus dieser beeindruckenden Perspektive sah, gab er zu erkennen, dass er nicht von hier war, sollte der Taxifahrer das nicht schon von Anfang an geahnt haben.

»Woher kommen Sie?«

»Belo Horizonte«, log er.

dem Bürgersteig, eine ging mit ihren weißen Beinen auf und ab, die die Lichter der Autos reflektierten und an den Anblick des beleuchteten Christus gemahnten.

»Alles Transvestiten«, sagte der Fahrer.

Pedro schaute geradeaus, ohne den Bürgersteigen Aufmerksamkeit zu schenken, als das Auto anfuhr; aber er betrachtete die Finsternis, aus der plötzlich Beine, Bäuche und Brüste hervortraten.

»Ich kann Sie zu einem Nachtclub in der Nähe fahren. Nur gute Frauen.«

»Ich bin sehr müde.«

Bald hielten sie vor dem Hotel, niemand kam, um die Tür zu öffnen, er bezahlte die Fahrt und erhielt vom Fahrer eine Visitenkarte.

»Wenn Sie morgen zum Christus gehen möchten, rufen Sie mich einfach an.«

»Mal sehen«, sagte er, während er aus dem Wagen ausstieg mit der Gewissheit, dass er am nächsten Tag früh zum Flughafen fahren und lange auf den Flug warten wollte, weil er sich so seiner Heimat näher fühlen würde.

Die Hotelpforte war verschlossen, es dauerte eine Weile, bis sie geöffnet wurde.

Er ging direkt hinauf in sein Apartment in der obersten Etage, und ohne sich auszuziehen, legte er sich hin. Bald würde der Morgen anbrechen. Dann würde er ein Bad nehmen und anfangen zu packen. Das Zimmer war unaufgeräumt – Aktenordner für den Kongress lagen auf dem anderen Einzelbett verstreut. Wie immer, wenn es Zeit zu gehen wäre, würde er alles in den Müll schmeißen.

Er lag lange wach und dachte über die weißen und glänzenden Beine nach. Es waren zwei Blocks vom Hotel aus. Es waren schöne, weibliche Beine – er fühlte ein ruheloses Verlangen nach ihnen. Seine Müdigkeit war verschwunden. Es blieb nur die Einsamkeit, die nach den Beinen bettelte.

Als Junge, zu Besuch im Haus eines Freundes, sperrten sie sich im Zimmer ein, um zu spielen, und der andere zog schnell seine Hose herunter und legte sich bäuchlings aufs Bett.

»Komm«, sagte er.

Pedro wusste nicht, was zu tun war. Er war noch nicht einmal mit einem Mädchen zusammen gewesen. Aber dieser weiße Hintern, die unbehaarten Beine, die Passivität, alles zog ihn an.

»Komm schon«, sagte der Freund und bewegte sich.

»…«

»Auf mich.«

Als er sich näherte und hinlegte, fühlte er etwas in der Leistengegend.

»Ohne Kleider. Zieh die Hose aus.«

Er stand auf, öffnete die Tür und ging hinaus. Im Hof sah er die Schwester seines Freundes und stellte sich ausgiebig vor, wie sie wohl nackt aussehen würde.

»Wo ist Dudu?«

»Im Zimmer.«

»Gehst du schon?«

»Ich habe meine Hausaufgaben noch nicht gemacht.«

Er nahm das gegen die Wand gelehnte Fahrrad und trat kräftig in die Pedale. Es hätte schön sein können. Er hätte sich über den Freund gelegt haben können mit dem Gedanken an dessen Schwester. Er wusste nicht, ob es der Fahrradsattel oder das Reiben der Schenkel beim Bewegen der Pedale war, aber als er zu Hause ankam, rot und keuchend, spürte er sein Glied pulsieren. Er ging ins Badezimmer und legte Hand an, dachte dabei über alles nach. Warum hatte er sich nicht getraut?

Das war vor mehr als zwanzig Jahren gewesen. Immer wenn er ihn traf, tat Eduardo so, als ob nichts gewesen wäre, und viel später heiratete er das hübscheste Mädchen der Stadt. Seitdem waren sie dazu übergegangen, sich mit Respekt zu behandeln. Die beiden bereits Verheirateten trafen in der Sauna des Clubs auf ihn, und Pedro senkte seinen Blick, er sah nicht den nackten Körper des Freundes, nur seine Füße, schlanke Füße, übersät von Adern und Nerven, die Fußnägel sehr kurz geschnitten. Beschämt verließ er die Sauna und hörte auf, sie zu besuchen.

Er stieg aus dem Bett und ging zur Rezeption, der Portier öffnete die Tür, und er ging die Nossa Senhora de Copacabana hinunter bis zu der Ecke, wo das Taxi angehalten hatte. Es war die weiße Frau, die keine Frau war, er näherte sich, sie stritt sich mit einer dunkelhäutigen. Die schwarze hatte große Brüste. Die der anderen waren kleiner, aber eingezwängt in eine enge Bluse. Er kam näher, sie diskutierten, und er fasste ihr an den Busen.

»Gehen wir ins Hotel?«

»Tja, ich habe keine Papiere dabei.«

Ohne ihm Aufmerksamkeit zu schenken, stritt sie mit der anderen weiter, beschimpfte sie dabei als Kuh. Die Stimmen waren abscheulich, wenn man sich vorstellte, dass sie eigentlich weiblich klingen sollten.

Er bog um die Ecke in Richtung Meer. Inmitten der unter einigen Bäumen geparkten Autos sah er eine Gestalt, die mit einem Pst! nach ihm rief. Er ging zu ihr. Es war dunkel, er konnte das Gesicht nicht sehen, sie hatte lange Haare, und ihre Beine, die aus einem Jeans-Minirock kamen, waren dick und braun.

»Ein kleines Programm?«

»Haben Sie Papiere?«

»Habe ich.«

»Ich wohne dort im Hotel.«

»Im Hotel kostet es achtzig.«

»Bleiben Sie immer hinter mir.«

Sie gingen abgewandt von der weißen Frau zum Hotel. In keinem Moment schaute Pedro nach hinten. Er wollte das Gesicht nicht sehen.

Der Portier brauchte lange, um die Tür zu öffnen.

»Sie gehört zu mir«, sagte Pedro, ohne sich umzudrehen.

Er ging zum Aufzug, wartete darauf, dass sie den Zettel ausfüllen würde. Er spürte eine Hitze, die er noch nie zuvor erlebt hatte. Als sie kam, betraten sie den Aufzug, er drückte die Nummer der Etage, und ohne ihr ins Gesicht zu schauen – er sah nur die braunen und rundlichen Beine –, fuhren sie schweigend nach oben.

Pedro stieg als Erster aus, öffnete das Apartment und schaltete das Licht im Bad an. Sie legte sich auf das Bett, wo er vorher gewesen war und versucht hatte zu schlafen. Sie zog ihre Kleidung aus, und er warf den Blick auf etwas, das an ihrer Vorderseite hing, aber sofort bat er sie, sich umzudrehen.

»Pfui.«

Sie lag auf dem Bauch, sie war keine Schwarze, sondern Mulattin; er zog seine Kleider aus, das Kondom über, das sie auf dem Bett gelassen hatte, und legte sich hin. Der Hintern wies Striemen auf. Er wusste nicht, dass der Mensch auch Streifen hatte.

»Perücke oder echt?«

»Eine Perücke.«

»Dann zieh sie aus.«

Sehr kurzes Haar. Er bewegte sich etwas mehr auf ihr, aber der Rausch war plötzlich weg. Er wollte sich anziehen und das Zimmer verlassen, aber momentan war das Zimmer seines. Er erhob sich.

»Geh jetzt.«

»Kannst du nicht? Wer weiß, vielleicht magst du's lieber andersherum?«

»Geh jetzt.«

»Sei nicht gemein.«

Mit den Kleidern in der Hand ging Pedro ins Badezimmer, entfernte das Kondom mit Toilettenpapier und duschte sich rasch. Sie ging, nur mit Rock und Sandalen bekleidet, ins Bad, um die Perücke im Spiegel zu richten. Da sah er das Bild Christi auf ihrem Bauch, eine Tätowierung, ein halbwilder Christus. Er hätte sich am liebsten übergeben. Nass ging er hinaus, seine Kleidung und ein Handtuch in der

Hand. Schnell trocknete er sich ab und zog sich um. Als sie, mit einer Bluse bekleidet, zurückkam, konnte man immer noch die Tätowierung sehen. Er fing an, das Geld zu zählen.

»Da.«

»Kann ich mir eine Tüte Chips nehmen?«, fragte sie und deutete auf die Minibar, in der sich die Lebensmittel befanden.

Er nahm eine Tüte und gab sie ihr.

»Auch ein Bier?«

»Er öffnete den Kühlschrank und holte die Dose heraus.«

»Öffne sie für mich, mein Schatz.«

»Nein, geh jetzt.«

»Gott, wie unhöflich.«

Indem er sie am Arm festhielt, zog Pedro sie zur Tür. Sie trippelte ihm aufreizend in Richtung Aufzug hinterher. Er bemerkte es nicht einmal richtig. Er schloss die Tür mit zwei Umdrehungen im Schloss und setzte sich in den Sessel. Als das Telefon kurz darauf klingelte, erschreckte er sich.

»Hallo? Ja, alles in Ordnung. Danke. Nein, kein Problem. Sie können sie gehen lassen.«

Er öffnete die Fenster, näherte sich der Unordnung auf dem anderen Bett, dabei nahm er die Decke und breitete sie auf dem benutzten Bett aus. Er streifte seine Kleider ab und legte sich hin. Er war immer noch erregt. Man spürt die Einsamkeit hier, dachte er. Er befriedigte sich selbst, ging in die Dusche und nahm ein ausgiebiges, heißes Bad. Er hatte auch die Müdigkeit überwunden. Der Wunsch kam auf, etwas zu tun, zu arbeiten, das Gras zu Hause zu mähen.

Dann zog er die Kleidung an, mit der er reisen würde, und brachte sehr aufmerksam seinen Koffer in Ordnung, indem er das Kongressmaterial, die Karte des Taxifahrers und den Slip, den er in dieser Nacht benutzt hatte, wegwarf.

Gut angezogen, gekämmt, die Schuhe mit den Schnürsenkeln fester gebunden als nötig, stand er am Fenster des Apartments, mit Blick auf die Wohnblöcke, die alle niedriger waren als das Hotel, und erwartete den Tagesanbruch.

übersetzt von Eva Zimmermann

FERREIRA GULLAR

Tanga

Da war, was man sah
Und was man nicht sah:
der lichte Morgen
verbarg das abgründige und alte
Dunkel des Raumes.
Das Meer brandete
gegenüber der Rua Farme de Amoedo und dort
am Strand
hörte man es kaum wenn man es hörte.

Dann war mit einem Mal sie da
lachend zwischen ihrem Haar
den Schläger in der Hand
und bewegte sich
ah, wie sie sich bewegte!

Und in dieser Translation entdeckte sie uns
ihre Sonnenphasen:
die Schulter
den Rücken
den Hintern
mondgleich?
sternengleich?
den Hintern
der mir (unter einem Blütenblatt blau)
wie der Himmel zulächelte.

übersetzt von Inés Koebel

CECÍLIA GIANNETTI

Die unterirdische Insel

Wenn dieser dunkle Fleck das Meer sein soll, dann stinkt das Meer. Die Kinder werfen sich in die schweren Wellen, die unter den neuen Scheinwerfern glitzern, sie werden nicht müde, füllen die Promenaden vor dem Strand, sie treiben in der Brühe mit Surfboards, Schwimmflossen, Reifen. Sie schlafen weniger im Sommer, wenn die Tage die Nächte verkürzen, damit Energie gespart wird. Ich ziehe den Rucksack an und bezahle die Rechnung des Stundenhotels.

Ich betrete den verdreckten Sand in der Nähe des Restaurants Farol da Ilha. Wenn die Ilha do Governador untergeht – nein, vorher grassiert irgendeine Krankheit, ausgelöst von der Verschmutzung. Die Playboys vom Yachtclub Jardim Guanabara schnupfen Berge von Kokain, vollführen eine 180-Grad-Wende am Strand von Bica, der Clown unter ihnen zieht sich die Bermudahose herunter und zeigt seinen Hintern im Fenster des vorbeiflitzenden, nagelneuen Autos. Die Mädchen der Privatschulen Cambaúba und Lemos Cunha lachen, und die Zähne, vom Rotwein des Restaurants Adega da Raposa verdunkelt, können mit Kokain wieder aufgehellt werden. Das Adega, ja, dort schaute ich einmal auf die Speisekarte an der Außenwand und fragte meinen Vater, was Stierhoden seien. Am gleichen Tag warf ich meine Brille ins Klo, zerbrach zwei Fenster mit einem Schuh. Hier in der Gegend verliert man sehr früh den Verstand.

Plastikbecher und Tüten, leere Verpackungen von irgendeinem Mist, der am Sonntag gegessen wurde, ich renne und bringe meine Brust zum Beben, die Geschwindigkeit erstickt die Geräusche der Paare, die vor den Kiosks des Strandes, der sich von der Bucht von Guanabara abgespalten hat, an Sandwiches und Mündern und Flaschenhälsen knabbern. Aber wenn ich den Kopf in die richtige Richtung drehe, höre ich auf, den Wind zu hören, ich höre meinen Vater. Ich erinnere mich an einen Traum, den ich mit fünf Jahren hatte: Ich war in einer Grube und schaute nach oben. Sein mageres und narbiges Gesicht kam und beobachtete mich: »Du bist in ein Dreckloch gestürzt.« Ich gehe bis zum Friedhof von Cacuia, man sagte mir, dass er dort ein für allemal gefallen ist. (»Vergiss nicht zurückzuschauen«, ein Spruch, den ich einmal singen musste.) Ich möchte mir sicher sein.

Telefonat mit der Schwester am Ende des Arbeitstages: »Geh hin und schau's dir an, wenn du mir nicht glaubst.« Am Bahnhof Leopoldina stieg ich in einen Van und wurde durchgerüttelt, nur um mir sicher zu sein. Ich musste in dem kleinen Stundenhotel schlafen, wo ich in meiner Jugend nie gefickt habe, weil ich es egal wo tat; Friedhof erst morgen früh.

Ich stelle mir die große Menge an Körpern vor, die nach dem Tod auf die Insel auswandern, auf der Linha Vermelha, auf der Avenida Brasil kommen sie aus den benachbarten Vororten, Nachbarn, die aufeinander geschossen haben in den Drogenkriegen, die die Nächte auf diesen Straßen durchziehen. In welcher Hinsicht unterscheidet sich die Ilha do Governador von der Zona Sul? Ist es das schmutzigere Wasser des Strandes? Die dunkle Zunge der Verschmutzung hat schon ganz Rio de Janeiro beleckt. Vergesst nicht zurückzuschauen.

Ich betrachte die vor mir liegenden Gräber – nichts ist heißer als ein grauer Vorortsfriedhof –, die Männer und die Spaten, die dem Leichenzug in dieser Hitze immer vorangehen, von Motten zerfressene Anzüge, alle neutral in der Ausübung ihrer Arbeit. Jeden Einzelnen fragen: Waren Sie es, der die Erde auf meinen Vater geworfen hat?

Ich laufe ein wenig im Innern herum, der Alte findet mich schnell. Giovanno liegt in einem Dreckloch, der Name eingehauen in gewöhnlichen Stein. Wer ihn begraben hat, weiß nur Gott; was ihn tötete, ist, vermute ich, die Galle gewesen. Das war es, was ich wissen wollte.

Ich verlasse den Friedhof ohne seltsame Gefühle, Herzklopfen, Gefühlsduselei. Nichts ist anders. Wenn ich das Viertel verlasse, werde ich den Groll im dunklen Wasser lassen, das die Insel umschließt. Das einzig Seltsame ist, dass ich an der gleichen Bar, die hinter den Toten liegt, stehen bleibe, etwas mehr in Richtung des Stadtteils Zumbi vielleicht. Es war vor etwa siebzehn Jahren, ja genau, ich hatte den Ort schon vergessen. Da war diese Bar, extra für die Busfahrer, wo sie umstandslos parken und was zu essen mit auf den Weg nehmen konnten. Die Passagiere blieben still im Bus und warteten auf ihre Rückkehr. Ich werde vor der Tür auf den Van warten – auf den Weg zurück ins andere Rio de Janeiro, spricht jener graue Stein vielleicht endlich zu mir.

Es ist die gleiche Bar, ich hab's nicht vergessen. Damals setzte ich mich der Straße zugewandt hin, nicht ein Auto fuhr vorbei. In den Bäumen bewegte sich kein Blatt, die Hitze grau und traurig. Ich bestellte ein Bier und wartete. Man musste nicht volljährig sein, um Getränke zu bestellen. Zu bestimmten Zeiten musste man auch kein Rezept haben, um sich vollzudröhnen. Vor siebzehn Jahren gehörten die Apotheken hier noch nicht alle zu irgendwelchen Ketten. Der Großteil waren alte Geschäfte, die Apotheke Flor do Cocotá, die Apotheke da Ribeira, die Drogerie Cocotá. Die Farmacilha wurde dann eine Filiale und vermasselte alles für eine ganze neue Generation, die in den Kneipen des Copo Gelado Tabletten mit Martini mixen wollte, in Baixo Ilha, dem Insel-Downtown, wie wir sagen, wenn wir ironisch auf unsere Armut anspielen. Bis zum Morgen war immer irgendein Blödmann mit Gitarre da, der einem den Trip versaute. Apotheken, die alles an jeden verkauften, den Kunden nach einem Rezept zu fragen war fast indiskret. Ich verkaufte weiter an Ana in Baixo Gávea, oh ja, für den doppelten Preis.

Ana trug immer Schachteln über Schachteln in der Handtasche herum – außer einer, der wichtigsten, wichtiger noch als ihre Tabletten: die Pille. Deswegen trank ich eines Tages um zehn Uhr morgens ein Bier allein in der Straße in der Nähe des Friedhofs. Das ging schief, es schlug mir auf den leeren Magen.

An anderen Orten gab es andere Regeln, die nicht die in den Bars und Apotheken waren. Um abzutreiben, musste man über achtzehn Jahre alt sein und Kohle haben oder eine Einverständniserklärung von den Erziehungsberechtigten und Kohle. Ana trieb das Geld auf, vielleicht mit dem Typen, der sie geschwängert hat. Und während ich alleine mein Bier trank, zeigte sie in einem Loch, das als Operationssaal diente, meinen Personalausweis vor, dessen Foto sie durch ihres ersetzt hatte. Ich konnte an nichts anderes denken und trank, ich schluckte eine Tablette und sah Ana beim Leiden, beim Leiden mit meinem Vornamen, Nachnamen, mit meiner Personalausweisnummer, mit meiner Abstammung, mit meinem Geburtstag. Am nächsten Tag würde ich zum Amt gehen und ein Ersatzexemplar beantragen. In diesem Augenblick, während der Tag dort draußen dunkler wurde, stießen sie Ana hinein. In Ana drin Dunkelheit, ein Dreckloch. Ihre kleinen Arme umklammerten das Eisen der Trage, das wusste ich. Ein Mann, der sein Gesicht nicht zeigte, fummelte in ihr herum, in ihr, die alles spürte, jeder Zentimeter, der mit dem Arztbesteck in Berührung kam, offenbarte sich ihr lebhaft.

Weniger riskant, wenn sie dort alleine hineingeht und wieder herauskommt. Zwei Jugendliche ohne ihre Eltern erregen mehr Aufmerksamkeit als eine. Ich war neunzehn; mit dem idiotischen Gesicht, das ich immer noch habe, ging ich für fünfzehn durch. Ana war vierzehn.

Auf dem Fußweg vor der Bar tauchte sie wieder auf, machte kleine Schritte. Sie hatte die Hände in den Taschen des italienischen Secondhandmantels gesteckt, den sie sogar im Sommer trug, immer über einem altmodischen Kleid. Sie hasste ihre dünnen, langen Arme. Sie trug Turnschuhe, die nicht zugebunden waren. Ihre Hautfarbe wie ein alter Lappen. Sie wollte keine Zigarette. Sie nahm meine Hand und lächelte auf jene schiefe Weise, bei der sich ihre Lippen nicht mal voneinander trennten. »Rufst du ein Taxi?«, fragte sie, fast ohne den Mund zu öffnen.

Sie schlief im Auto, bis wir ankamen. Am Hauseingang sagte sie noch einmal etwas: »Das musste wohl sein, damit ich diesen Ort am Ende der Welt auch mal sehe.«

Meine Mutter fand das Mädchen kränklich. Mager, entkräftet. Was sie hatte, wusste keiner. Seit ein paar Tagen hatte sie Verdauungsprobleme, die wurden ausgerechnet heute schlimmer, als ihre Mutter ihr erlaubte, zurückzukommen. Absurd, wir sind Freundinnen, aber Ana war noch nie zu Besuch. Sie wohnte in Gávea, sie kannte den Vorort nicht.

Mein Vater lebte nicht mehr bei uns, ein Jahr zuvor war er verschwunden.

übersetzt von Stefanie Zobus

NÉLIDA PIÑON

Tarzan und Beijinho

Ich lernte Tarzan und Beijinho in Malibu kennen, ehe sie nach Leblon übersiedelten, ein Strand, der die Herzen vieler batavischer Admiräle und Küstensirenen verschluckt hatte. Sie lebten in Malibu, als liefen sie noch immer im Sand von Cabo Frio herum. Dafür behalfen sie sich mit heimatlichen Symbolen, vom Dendê-Palmöl über die grün-gelbe Fahne bis hin zum rot-schwarzen Flamengo-Wimpel. Und wenn ihnen eine Frage besonders heikel schien, antworteten sie auf Portugiesisch und bestanden darauf, Mr. Blackmur mit João anzureden. Das Heimweh des Exils, alles andere als aufzehrend, ersparte ihnen jedes Leid. Wenn man also mit ihnen über Copacabana wie von einem fernen Traum am Horizont sprach, sagte Beijinho: »Ach, das Schlachtfest von Olaria« – und ich sollte übersetzen.

Ich wusste nicht, wie ich Mr. Blackmur die Redensart erklären sollte. Es galt, ein Land zu erhalten. Und wir waren das Land, das auf der Höhe von Rio de Janeiro zurückgelassen worden war. Tatsächlich handelte es sich um einen beweglichen Feiertag, an keine Jahreszeit gebunden, für den man die Bevölkerung zusammenrief. Der gesamte Hügel strömte herab, um sich das Schauspiel anzusehen. Es blieb dem Schicksal überlassen, die Hauptdarsteller eines Volksfestes zu bestimmen, bei dem Getränke, Blut und Fröhlichkeit nie fehlen durften.

»Und wer trennt schon Fröhlichkeit von Kummer!«, sagte Tarzan, damit wir Beifall zollten. Beijinho verurteilte ihn prompt für die nicht mehr übliche Antinomie, geschaffen, um eine der edelsten Rassen der Erdhalbkugel zu beleidigen.

»Und welche Rasse soll ich damit bitte angreifen?«

»Die Zigeuner. Sie weinen ohne jedes Maß. Sie wissen nie, ob aus Freude oder aus Kummer. Komm mir bloß nicht mehr mit Metaphern, Tarzan. Wie kannst du ein Mann von Welt sein, wenn du dich noch immer an die am Boden herumliegenden Hinterlassenschaften hältst, die von allen getreten werden?«

Angespornt von Beijinho, die ihr Haar kürzlich blond gefärbt hatte, sah Tarzan ein, dass sie in die Heimat zurückkehren sollten. Es wäre günstiger, in Rio vorzugeben, sie seien in Malibu. Der holländische Frachter beförderte Tarzan und Beijinho gemeinsam mit der Sammlung an Muscheln, Schnecken, Seepferdchen, dem ausgestopften Pinguin und der gewaltigen Konzentration an Salpeter und Mineralien, die sie am Meeresgrund gesammelt hatten.

Einmal hatten sie mir gebeichtet, unsere Herzen fänden sich am Meeresgrund, und es sei geboten, recht tief zu gehen, um sie schlagen zu hören. War das eine Einladung gewesen, mich ihnen zu entziehen, würden sie mir meine Art, sie anzusehen, vorhalten? Vielleicht beschworen sie mich auch einfach, sie mit einem *Aqualung* auf dem Meeresgrund zu besuchen. Besonders Beijinho wich vor jeder Berührung zurück, selbst vor der Geste, die darauf hinauslief, den Reißverschluss ihres roten *Bodys* zu öffnen. Ihr Schamgefühl nötigte mich, für die im Namen meines Hungers von ihrem Teller gestohlenen Trauben um Verzeihung zu bitten. In diesen Fällen bestand ihre Rache darin, mich zu berichtigen und meinen Namen zweimal zu sagen, im Wissen, dass seine Kraft darin lag, ihn in einem Atemzug auszusprechen. Doch ich löste mich auf, wenn sie ihn träge wiederholten.

Tarzan fühlte sich für die Zerwürfnisse seiner Frau nicht verantwortlich. Er verteidigte die These, dass sie getrennt auf die Erde gekommen seien. Jeder kämpfe auf seine eigene Weise. Und er fürchte auch nicht, von uns als Feigling bezeichnet zu werden. Hatten wir etwa vergessen, dass er Wellen und Eintausender erstürmen und zugleich Haie töten konnte? Die Berge allerdings verachtete er besonders, war nicht einverstanden mit ihrer monumentalen Unbeweglichkeit, die unmerklich entstand.

»Es nützt nun einmal nichts, dass sie sich innerhalb von Jahrtausenden bilden. Ich werde nicht mehr am Leben sein, um ihre Brustwarzen zu lecken.«

Trotz dieses bescheidenen Kampfszenarios, das stets nur von kurzer Dauer war, rührte mich sein Feldzug gegen Konventionen und Geologie. Er trank Coca-Cola mit Champagner und zögerte nicht, hierfür den teuersten Brût auszuwählen. Er passte seine Sprache dem Geschmack an und bat Beijinho, ihn dabei zu unterstützen, die Mischung aus Talent und Kunst besser zu würdigen.

»Lass mich mit deinen Plattheiten in Frieden«, sagte sie.

Stets verließ Tarzan das Chalet in Malibu mit nichts als den Kleidern am Leib, nahm den Greyhound an der Ecke, bereit für eine Reise ohne Wiederkehr. Doch an der Tankstelle stieg er aus, nur einen Kilometer vom Haus entfernt. Er kam zurückgekrochen, nachdem er die Wüste und den Zorn der Nomaden bezwungen hatte. Beijinho erkannte seine Mühen an. Sie empfing ihn, als hätte sie seine Abwesenheit täglich mit Kreide auf dem Täfelchen in der Küche festgehalten, weshalb ihr jetzt die Kraft fehlte, ihn willkommen zu heißen. Tarzan wandte sich wieder Coca-Cola und Champagner zu und gab bekannt: Diesmal habe ich gewonnen. Worauf sie entgegnete: Du bist ein Eisbär, verloren zwischen den Wogen und hässlichen, rückwärtslaufenden Krebsen. Sie warf ihm vor, sich vorsintflutlich zu gebärden, und verhängte ihm mit den revolutionären Symbolen das Ende.

»Eines Tages komme ich nicht mehr zurück, Beijinho. Oder besser, ich werde mich so weit fortentwickelt haben, dass du für mich nur noch eine Sirene sein wirst. Eine *Mermaid*, hörst du? Wusstest du nicht, dass jedes Mal, wenn sich ein Geschöpf übermäßig fortentwickelt, das andere zurückbleibt, mit Krallen, einer Kruste und Algen am Schwanz?«

Beijinho behalf sich mit dem Spiegel: Ich bin immer noch hübsch, Tarzan, auch wenn du mit deinem Formel-1-Wagen durch die Zeit rast. Vor dem im Wohnzimmer installierten Gericht erwiesen sich lediglich die Anklagen aus den Nachrichten als nützlich. Beide verfügten über Bildung in Bildern, mit flüchtigen Streifzügen durch die Zeitungen versetzt.

»Was ist los in Brasilien, abgesehen von Pelé und Emerson?«

Es war nicht leicht, ein Land zu beschreiben, dem man den Rücken zugekehrt hatte. Ich gab zu bedenken, dass man sich alle Mühe mache, die Spuren unserer Herkunft zu verwischen, wofür sogar wertvolle Pergamente auf öffentlichen Plätzen verbrannt würden. Die einzigen Zeugnisse, auf die wir zählten, um zu beweisen, dass wir gelebt hatten. Solche Handlungen erachte man jedoch als erforderlich für ein Volk, das sich in seltsamem Aufstieg befand. Kaum hatte ich »seltsam« gesagt, schon bat mich Tarzan, ihm die südlichen Viertel Rios zu beschreiben, die einzige Gegend im Land, in der er herumgekommen war. Für ihn war Brasilien eine Metapher, die keinen Text verdiente.

»Sieh doch, allein São Paulo ist bereits eine tragische Episode. Wer erträgt die Erzählung eines Staates, der alle fünf Minuten die eigene Geschichte umschreibt? Und das unter dem einzigen Vorwand, er sei an einem anderen Orte als dem, wo er sich tatsächlich befindet.«

Tarzan war stolz auf sein Band mit der Zukunft, sei doch er immerhin fähig, alles ganz treffend einzuschätzen. Er verurteilte meinen übertriebenen Nationalismus ebenso wie die Traurigkeit, die er in meinen Augen sah. Er sprach »Z-u-k-u-n-f-t« mit einem dünnen Gebrüll aus, das vom äußersten Ende der Landenge zum Archipel herüberkam. Der Archipel war ich.

»Du redest so viel von der Zukunft, aber wo werden deine Muckis sein, wenn sie mit dem Gesicht eines Bisons auftaucht«, sagte Beijinho.

»Der Bison ist nicht die Zukunft, sondern ein Tier der Vergangenheit, ausgestorben. Wie der kalifornische Kondor.«

»Genau, du Dummerchen. Und wie beschreibt man eine Zukunft, in der wir nicht sein werden, wenn nicht mit dem Beweis ihres Aussterbens.«

Tarzan küsste Beijinho. Sie gestattete die Siegesbekundungen. Das Schiff legte mittags an der Praça Mauá an. Tarzan heulte in den Armen der Hafenarbeiter. Haben wir noch Anrecht auf Brasilien?, bat er sie händeringend. Die Wohnung war sauber, Beijinhos Mutter hatte mit dem Staub auch Tarzans persönliche Habe weggefegt. Unter bitteren Einsprüchen seinerseits: Wie könnt ihr mein Eigentum derart verschleudern?

Beijinho machte ihm deutlich, dass sie sich nicht auf sein Gedächtnis verlassen konnten, was Besitz, Reichtum und Zukunft anbelangte, wenn er einen Dienstag nicht von einem Donnerstag im August unterscheiden konnte. Daraufhin war er einverstanden, dass ihn Beijinho in die Wirklichkeit holte. Sie hatte ihn niemals mutwillig verstümmelt, wenn sie ihm eine Strecke einzeichnete, auf der es sich bequem wandeln ließ. Es handelte sich schließlich nicht um wertvolle Gegenstände, sondern um einfache Zeitungsausschnitte, leere Flaschen und verrostete Angelhaken.

»Wenigstens die kaputten Schallplatten hätten als Aschenbecher herhalten können«, sagte er.

»Nur weil das vor zehn Jahren Mode war? Mode ist wie eine Schlange, bei jedem Vorstoß verschluckt sie gleich mehrere Opfer.«

Tarzan erforschte Beijinhos Körper wie brennendes Gelände, suchte nach Flüssen und Tümpeln. Und wenn sie so hoch flog, dass er, der ans Meer gewohnt war, ihr nicht mehr nachkam, bat er, sie möge ihm bitte schön dieses komplizierte Leben übersetzen.

Sie langweilte sich, hör mal, Tarzan, weißt du denn nicht, dass wir Frauen im Paradies besiegt worden sind?

Stunden später kam Tarzan mit Neuigkeiten an. Er hatte ein vom Bier trunkenes Land entdeckt, dessen Dunst in allen Ecken schwebte. War das also das Bild von Brasilien, das du uns in Malibu vergessen hattest zu zeichnen? Kein Wunder, dass so viel gepinkelt wird.

Wir wollten die Stadt besuchen, um des Vergnügens willen, in der Heimat einen ausländischen Reisepass zu verwenden und Silben zu stottern, als kauten wir auf Glasscherben. Und wie fängt man an aufzuhören, ein Brasilianer zu sein?

»Was weiß ich, die Verkleidung trage ich seit Jahren«, sagte ich.

Beijinho schlug erneut den Weg der Gefühle ein. Sie vertrat die Meinung, wir sollten den Kokon mithilfe der Karikatur verlassen, die womöglich unsere einzige echte Maske sei. Es gebe keine andere Erlösung. Ausstaffiert mit Halbedelsteinen, Panamahut, rotem Rock, einer Nylonbluse, die nur schwer zu bekommen war, und weißer Brille, wollte sie unbedingt wie eine reiche und geschmacklose Touristin aussehen.

»Eleganz ist das Verhängnis des Umherreisenden.« Tarzan bat sie um Empfehlungen, er wollte im Einklang mit ihr sein.

»Ich möchte nicht, dass mir jemand ähnlich sieht. Wenn ich mich selbst schon nie wiederhole, wie kannst du es wagen, dich an meine Brautschleppe zu hängen. Ich verabscheue Fotos.«

Tarzan präsentierte sich in glitzerndem Anzug, mit spitzen Schuhen, enggebundener Krawatte und einer Perle gleich beim Adamsapfel. Der mit Goldblättchen verkleidete Eckzahn zierte sein Lächeln. Und er nannte Beijinho sogar »meine süße Passionsblume«.

Als ich selbst gekleidet und ohne vor dem Spiegel nachgeholfen zu haben, passte ich nicht zu ihnen. Wo Tarzan und Beijinho auch hingingen, suchte ich nach sichtbaren Spuren, die sie hinterließen.

Wir gingen durch das untere Leblon, gezwungen, uns durch das Luna, Alvaro's, das Degrau und Antonio's zu schleppen, mit so verblüfften Gesichtern, dass es selbst die Neugierigen überraschte. Kaum sahen uns die Einwohner von Leblon, flüchteten sie sich auch schon aufs eigene Segelschiff. In fremde Gebiete einzufallen war damals ein harmloser Verstoß.

»Ich bin satt, Tarzan. Lass uns von diesem Poster abhauen, das an den Wänden von Inhaúma klebt.« Ich suchte Beijinhos Verständnis, doch sie hinterging mich mit ihrem Beharren, so lange weiterzumachen, bis das Immergleiche vollständig aufgezehrt wäre. Wir kamen am Pizzaiolo vorbei, am Acapulco, an der Galerie Alasca. Tarzan bat darum, sich im Auto ausruhen zu dürfen.

Beijinho erntete Gefälligkeiten und Brombeeren. Sie traf Verabredungen, tauschte Visitenkarten aus, für denselben Tag, dieselbe Stunde, denselben Ort. So vergesse ich es nicht. Tarzan überließ ihr noch mehr Bleistifte und Papier. Der Bleistift brach sofort ab, ebenso Beijinhos Begeisterung. Morgens zu Hause rieben wir uns mit Stahlwolle und Spülmittel mit Zitronengeschmack die Flecken von Mund und Leib. Und gestanden uns ein, dass wir lieber in Malibu vorgaben, wir seien in Cabo Frio.

Zum ersten Mal fragte ich mich, warum verbringe ich mein Leben an Tarzans und Beijinhos Rockzipfel, werden wir zu unseren jeweiligen Schatten? Doch war ich zu feige gewesen, ihnen diese Frage zu stellen, auf eine Transzendenz anzuspielen, die sie aus dem Strandleben verbannten, dem sie sich verschrieben hatten. Oder gar ihnen mitzuteilen: Ich werde für einige Zeit einem euch entgegengesetzten Weg folgen. Ich musste ohne ihre Hilfe die Welt entdecken. Sie hatten mir Lebenszeichen übertragen, die mich viele Monate lang nähren würden, die Zeit, die ich bräuchte, um im Rahmen bescheidener Gebote mein Gleichgewicht zu finden, zum Atmen und Gewohnheitenzulegen.

»Bin ich denn nicht zum Gewohnheitstier geworden?« Ich wollte, dass Tarzan den Grad meiner Anpassung bestätigte. Allerdings urteilte er gemäß der Informationen, die in jener Woche von den Medien verbreitet worden waren. Stolz gab er zu, ein Produkt des Fernsehens zu sein. Wenn es übrigens das Fernsehen nicht gegeben hätte, wäre ich nicht einmal geboren worden, beichtete er uns eines Abends. Es regnete, und der Wind peitschte gegen das Fenster, bis Tarzan es mit Hammer und Nagel festmachte.

Ich packte meine Reisetasche mit dem Nötigsten, alleine. Ohne auf ein gewisses Ritual zu verzichten, das mir Tarzan und Beijinho nicht hatten austreiben können. Und wozu bleiben. Schließlich waren wir keine Wohngemeinschaft, teilten nicht einmal das Bett, wie die Nachbarn vielleicht aufgrund unserer ständigen Anwesenheit vermuten mochten. Und wenn sich Tarzan und Beijinho küssten, war es stets ein feuriger Kuss, der vor meinen Augen nie in Leidenschaft umschlug. Nie ertappte ich auf ihren Gesichtern das Zucken dessen, der unter seinem Begehren leidet und es in die dunklen Nächte verlegt. Jene Liebe wurde mit einer Geschicklichkeit ausgelebt, die ich nicht zu beschreiben wusste.

Mit Rawetts Hilfe bezog ich ein Zimmer im Hotel Paissandu. Eine Woche lang spazierte ich durch Catete, aß Schnitzel mit Pommes frites im Lamas. Doch stellte ich mir Tarzan vor, wie er morgens der Zukunft huldigte, während er Gymnastik machte. Eine Gewohnheit, auf die Joghurt und Käse aus Minas Gerais folgten. Damit ihn Beijinho mit anmutiger Hand in die Gegenwart führte. Dann überließ er ihr die Zukunft, die in dem Glück lag, das sie in seinen Augen erblickte. Ohne zu verstehen, dass Beijinho es eilig hatte, die Gegenwart sofort aufzuzehren. Ich hatte schon keine Kleider mehr, die ich noch hätte anziehen können, und kehrte nach Hause zurück. Der Schlüssel passte beinahe nicht ins Schloss, so verrostet war er. Die Rückkunft schien vom Stempel der Vernachlässigung gezeichnet. Unter der Tür die Briefchen von Tarzan und Beijinho: Warum diese Gewalt, wenn es doch viel feinere Möglichkeiten zu töten gibt; wir können ohne dich nicht mehr leben; wir sind nicht mehr Tarzan und Beijinho, wir sind du, wenn du nah bist; wie sollen wir sein, um dir zu gefallen?

Jedes an die Brust gedrückte Briefchen versprach Neuland, jedes Mal ein aufs Papier gekritzelter Anker. Es bewegte mich. Das Leben ohne Tarzan und Beijinho war freudlos, morgens kaute ich an der Finsternis, der Kaffee ohne Süße, Bitternis begann mein Gesicht zu überschatten.

Wenigstens einmal muss ich wieder lächeln, dachte ich voll Wonne. Und ging Tarzan und Beijinho besuchen. In der Hosentasche trug ich ein Tuch, für die Umarmung. Wenn es nicht ein Tuch war, das die Zukunft bekundete, so war es die Veranda, auf der wir uns den Nachmittag über aufhalten würden, bis es dunkel würde. Sie waren nicht da. Sie würden am Tag darauf zurückkehren, versicherte der Pförtner. Es fanden sich Anzeichen für eine Reise, draußen standen Blumentöpfe, damit eine gute Seele käme und sie mit Wasser und Zärtlichkeit überschüttete.

Ich hinterließ eine Nachricht voller Liebe und Treue, ich würde unserem gemeinsamen Leben keine Grenzen mehr setzen. Dem einzigen und sonnenbeschienenen. Wer sei ich denn, die Irrwege der Leidenschaft selbst zu berichtigen. Oder die Verschwender nicht mehr zu bejubeln, die damit beschäftigt waren, das menschliche Dasein um Minuten, Zentimeter und Tage zu verlängern. Ich wartete mit dem Herz auf dem Tisch und erinnerte mich daran, wie sie mir eines Tages gebeichtet hatten:

»Unsere Herzen finden sich am Meeresgrund.«

Aber welches Meer, um Himmels willen, dass ich so tief tauchen oder so weit reisen musste. Malibu konnte es nicht mehr sein, aber wer weiß, ein neuer Ozean, vor Kurzem beim erfinderischen Studium der Karten entdeckt. An jenem Tag kamen sie nicht. Ich stand das Warten mit Kaffee und Salzkeksen durch. Dann noch ein Tag, den es mit dem Geschmack einer Niederlage aufzusaugen galt. Jeden Abend türmten sich mehr Müll, Hoffnungslosigkeit, weiße Haut von Orangen und Zigaretten. Wo mochten Tarzan und Beijinho hingefahren sein, dass sie mich diesen Schmerz erleiden ließen, auf den sie mich nicht vorbereitet hatten, den auszuhalten mein einziger Körper nicht ausgestattet war, meine einzige Seele und alles, was ich war. Sein, lernte ich in jener Woche, wurde etwas Unerreichbares.

Am Samstag kamen sie, ohne mich zu umarmen. »Hast du es endlich gelernt?«, fragte Tarzan mit schmerzverzerrter Miene. Ich hatte ihm einige Falten eingegraben, und nun ließ er sich bewundern. Beijinho blieb ganz still und webte nicht an den Bildern, mit denen sie den Alltag überschwemmte, mit denen wir uns liebten.

Stundenlang vermieden wir jeden Blick. Es war eine schwerwiegende Abwesenheit gewesen. Wir waren gegen Schiffe gestoßen, die Arme und Beine verletzt, nun humpelten wir. Der womöglich tödliche Schuss war von mir ausgegangen, und ich hatte gezittert. Wir gingen am Strand spazieren, es roch nach Salz und Benzin mit niedriger Oktanzahl. Schweigend, einander an den Händen haltend, erschienen wir jetzt wie Touristen, die dabei waren, die Stadt zu entdecken, uns selbst.

übersetzt von Wanda Jakob

SONIA COUTINHO

In den Augen des Hundes

Er kam am späten Nachmittag an, und der windige Flughafen war in dasselbe Licht getaucht, das die Stadt früher mit der Wärme einer sehr reifen und geöffneten Frucht umgeben hatte. So viel Freude und Sinnlichkeit lagen in der Luft, auf einmal waren sie wieder da und brachten den Mann zum Lächeln, fast verlegen, während er in Richtung Gepäckausgabe ging; eine große, dünne Silhouette, die sich düster von der Helligkeit abhob.

Im Taxi, während der Fahrt auf der Küstenstraße – wie gut fühlte er sich da! Vielleicht war genau das der tiefste Sinn seines Lebens, fortzugehen, um eines Tages wiederkommen zu können. Als ob er ihn hier vergessen hätte, vor vielen Jahren, einen lebenswichtigen Teil seines inneren Mechanismus.

An welchen Orten auf der Welt er auch war, die Stadt blieb mit ihm durch ein kleines, verlorenes/verstecktes Kettenglied verbunden. Oder vielleicht hatte er sich diesem Szenario, das er brauchte, auch schon ergeben, innerlich zerstört.

Später, beim Anblick der Wellen, die sich am Sand brachen, eine nach der anderen, durch die Jahrhunderte, erinnerte er sich wieder daran, dass in dieser Stadt zu sein etwas Maßloses hat, es war fast wie von der Unendlichkeit zu kosten. Das erinnerte ihn an Griechenland – er fing wieder an zu lächeln, perplex –, ein ausreichend schöner Ort, an dem sich Tragödien im Freien abspielen. Aufgewühlt merkte er, dass die Rückkehr vielleicht ein wenig zu feierlich ausfiel.

Als er seinen Personalausweis herauszog, um ihn in der Eingangshalle des Hotels vorzuzeigen, hätte es auch ein Reisepass sein können, denn er wirkte eher wie ein Fremder. Kam er nicht vom Balkan? Er hatte doch ein slawisch anmutendes Gesicht oder eines wie ein Zigeuner. Oder ein norwegisches?

Im Zimmer traf er mit unerwarteter Erleichterung dieselbe Atmosphäre eines beengten und halbdunklen Raumes an wie in seinem gemauerten Apartment, der Mönchszelle oder Eremitenhöhle, in der er die Tage an seiner Schreibmaschine verbrachte und Bücher übersetzte. Und er spürte das Fehlen von Musik, die er die ganze Zeit gehört hatte, mit der er seine asketische Bleibe mit einer inneren Landschaft füllte, denn im Gegensatz dazu war die Schönheit der Copacabana eine große Ruine, eine gebirgige Wüste, eine riesige Statue aus Müll.

In seiner kleinen, schwimmenden Box, im Apartment voller Musik, in dem ihm nur die Tauben jeden Morgen begegneten, am Fenster, navigierte der Mann obsessiv durch die Nächte, in die *Fünfte Sinfonie* von Mahler vertieft.

Er wartete, bis es dunkel wurde – wenn sich aus der Dunkelheit, zwischen den heiseren Geräuschen des Orchesters der Erotikclubs, der allmächtige und leise Ton des Glockenspiels der Verrückten erhob.

Vom Fenster des Hotelzimmers aus, von wo man einen Schimmer des Meeres entdecken konnte, bemerkte er erneut, dass die Helligkeit der Stadt, an die er sich noch immer nicht gewöhnt hatte und die ein wenig seine Einsamkeit nötigte, eine Offenheit und Hingabe forderte, zu der er nie fähig wäre.

Er wartete bis zum Sonnenuntergang, um hinauszugehen und auf dem kleinen Platz vor dem Hotel, gleich neben dem Meer, die ermattende Sonne zu beobachten, schon groß und rot, die gerade ins Meer tauchte. Er genoss die Brise, setzte sich auf eine Holzbank und spürte ein plötzliches inneres Erblühen – wie eine Menge Laub, immense traum- oder albtraumhafte Blumen, die endlich die Erlaubnis bekamen zu knospen. Und nun knospten sie und vermehrten sich unzählig, mit einer Lebenskraft, die gerade er sich niemals zugestanden hatte. Die öligen Reflexionen des Lichtes auf dem Wasser betrachtend, wog er das Ausmaß seiner Askese ab, dieses ganzen beherrschten Lebens, Jahre der Ruhe und des Verzichts, im Halbschatten seines Apartments. Und er erinnerte sich an die Personen, die ihn beobachteten und ihn fragten, ob er eine tragische Vergangenheit hätte. Aber jedem von ihnen erzählte er eine andere Geschichte – war es nicht seine Frau, die sich umgebracht und zuvor den einzigen Sohn des Paares getötet hatte? Oder seine verrückte Mutter, die versucht hatte, ihn zu ermorden, als er noch ein Kind war? Hatte er ein Verbrechen begangen, um ein Mitglied seiner eigenen Familie zu schützen? Doch das Geheimnis der uralten Geschichte kannten nur die Keller der Stadt.

Die Sonne ging unter, und er spürte, dass durch die Landschaft eine stumme Warnung ging, eine Nachricht übermittelt wurde. Erschüttert kehrte er ins Hotel zurück und rief einige alte Freunde an, die er am folgenden Tag besuchen wollte. Aber einer von ihnen sagte: »Unsere Zeit geht vorbei.« Und ein anderer: »Jetzt denke ich nur ans Sterben.«

Was bedeutet all dies, fragte sich der Mann verzweifelt, er winkte ein Taxi herbei, spät in der Nacht fuhr er zu einem dunklen und verlassenen Strand. Ich will nichts davon für mich selbst, dachte der 50-jährige Mann, für den es keine Befreiung gab. Er war verloren in einem Wald, nachdem die Vögel die Brotkrumenspur aufgepickt hatten.

Um drei Uhr morgens betrachtete er, schlaflos, im Badezimmerspiegel sein hübsches, schlankes, nur leicht verbrauchtes Gesicht – die bittere Falte am Mundwinkel, der ergraute Bart und die ergrauten Haare –; er versuchte zu bestimmen, ab wann, seit seiner Ankunft, er angefangen hatte, sich so bedroht zu fühlen. Und endlich schlief er ein, wachte aber zwei Stunden später schreiend auf: »Mama, Mama, tu mir das nicht an«, ganz in kalten Schweiß gebadet. Nach fünf Minuten, wieder etwas ruhiger, hatte er plötzlich eine lange Sekunde lang das Gefühl – ach, wohlbekannte Keller und Mansarden der Zeit –, dass sein Leben schon gelebt war. Es blieb ihm nur noch, die Überbleibsel zu genießen, die Überbleibsel der Zeit.

Doch am nächsten Morgen durchquerte er, zu neuem Leben erweckt, die Straßen der Stadt, mit einer Erregung von jemandem, der sich um eine sexuelle Aktivität bemühte.

Dort entlangzugehen, dachte er, sei wie ein langer Koitus, biblische Unzucht, diese staubigen und vergoldeten Straßen, elend, aber luxuriös in den Objekten und Farben: das Dunkelgrün des Laubes, das Rot der lehmigen Erde, der türkisblaue Himmel, das regenbogenfarbene Meer, das er von jeder Ecke aus sah.

Einige Stunden später, müde und erhitzt, folgerte er, dass diese Schönheit, jenseits des Menschlichen, Personen zu unbedeutenden, vergänglichen, fleischlichen Wesen reduzierte.

Er betrat eine Bar, bestellte einen puren Cachaça, und als er das Glas zum Mund führte (seine Hände zitterten), hörte er die plötzliche Stille einer verkehrten Welt und sah die Dunkelheit hinter der brennenden schwarzen Sonne.

Er lief weiter die Straße entlang und bemerkte, dass er in die Richtung des Hauses der Frau ging. Diese traf er am Tor, einige Minuten später, als ob sie ihn erwartet hätte, komplett in die Abendsonne getaucht – unter dem Himmel/eine Pracht, die rothaarige und goldene Frau, der Helligkeit ausgesetzt, mehr als nackt.

Ihr Gesicht war noch immer schön, leicht patiniert, die bronzene, matte Haut, die Haare rötlich leuchtend, die Sonne durchdrang sie vollkommen. »Ja, dies hier ist zu schön«, sagte die Frau langsam und halbtrunken vom Licht. »Vielleicht muss man einen Preis zahlen, um jeden Tag so viel Schönheit betrachten zu dürfen.«

Der Mann streckte die Hand aus, um sie zu berühren, aber er vollendete die Geste nicht. Er wurde plötzlich von alter Schuld und Erniedrigung erfüllt –

die Frau, die er verlassen hatte, obwohl er sie verehrte. Die Frau, die, weil er sie liebte, ihn unabsichtlich seine eigene Unfähigkeit lehrte. Er sammelte all seine Kräfte, um nicht emotional zu werden – da er sich rühren und, unerträglicherweise, erinnern könnte (war es der Vater gewesen, der seine Mutter betrogen hatte, in seinem Beisein, und sie daraufhin Selbstmord beging?). »Mein Leben ist komplett bestimmt, komplett an seinem Ort«, sagte die Frau leise.

Sie hatten zusammengelebt, und er wusste nichts über sie. Er bemerkte nun, dass die Frau ihr Leben weitergelebt, die Träume aufgegeben hatte, für immer, wie das zu einem gewissen Grad alle Menschen tun – am Ende ist es genau das.

Doch an einem gewissen Punkt sind wir alle alt – und er, der Unerbittliche, dessen Losung es gewesen war, niemals zurückzuschauen, um nicht zur Salzsäule zu erstarren, hatte nun Lust zu weinen. So groß wäre seine Klage, wie ein Damm, der bricht. Dann entfernte sich der Mann, den eine vergangene Tragödie schmerzte, von der Frau.

Am nächsten Tag suchte er den Weg durch den verstopften Verkehr der breiten, neuen Straßen, bewertete seine Illusion, während er sich vorstellte, dass die Stadt unbeweglich verharren würde, ein ständiges Zeugnis seiner Identität. Sie nagte an ihr, dort wirkte auch die bewegliche Fremdartigkeit des Lebens – *wer wäre er?*

In der Nacht, noch immer verängstigt und wieder einmal schlaflos, sehnte er sich nach einem lauwarmen, dunklen und runden Schwimmbecken, in dem er sich endlich ausruhen könnte: Er möchte zurückkehren vor die Erinnerung und das Leiden, in die lauwarme Stille eines Uterus.

Bei Tagesanbruch, ohne auch nur eine Sekunde geschlafen zu haben, ging er zum Strand hinunter – die reine morgendliche Atmosphäre, der Sand noch ohne irgendeine Fußspur, die sich in langen sepiafarbenen Streifen entlangzieht, der schnelle Glanz auf dem Wellenkamm, die sanfte Brise, ein Morgen voller hellblauem, durchscheinendem Porzellan. Am Strand sah er den liegenden, regungslosen Hund, sein weißes Fell, der reine Hund, wie eine Porzellanpuppe, der tote, saubere Hund am Strand. In den Augen des Hundes lag der Schlüssel zum Rätsel, in seinem flüssigen Gold – verschleiert, der Mann schwankte durch den Sand.

Aber der Strand war so ruhig, der Lärm der Wellen, der sanfte Wind, der Tod war einfach, er brauchte keine Angst zu haben, »bald« sagten ihm die leeren, abwesenden Augen des Hundes. Was sah das Tier? Mit Sicherheit nichts Finsteres.

Die Morgensonne verflüssigte die Augen des Hundes zu klarem Gold, so klar war sein Fell, sein ganzer Körper einfach und starr in der reinen Geometrie des Todes, ganz ohne irgendeinen Geruch, bloß ein Tropfen Blut zwischen den spitzen, sichtbaren Zähnen, der Hund als Spielzeug aus Plüsch, der Hund als entzifferte Nachricht im Sand, kein unverständlicher Punkt, der Hund/der Tod am Morgen, wie ein Glas Milch, wie ein warmes Brot mit Butter nach dem Aufstehen, wenn es kalt ist, der Hund/das Gesicht der jungen Portugiesin, weiß und gerötet, der Tod, der nach frischen Eiern schmeckt, Gemüse vom Feld/der Tod vom Strand, morgendlich klar, der Tod ohne Geheimnis, so klar eines Morgens am Strand.

Ohne die wahren Gründe zu kennen, war der Mann von seiner Routine abgewichen und hatte etwas Geld gespart, um sich zwei Wochen Ferien in der Stadt zu leisten – da erinnerte er sich an Elefanten im Alter, wenn sie endlich zum vorbestimmten Ort im Dschungel aufbrachen. Der Tod als sein Geheimnis, sein ernstes und würdiges Geheimnis, sein Tod. Es war notwendig, dachte der Mann.

Und in der Abgeschiedenheit konnte er eine traurige Freude verspüren, wie ein Sonnenstrahl im Kirchenfenster der Kathedrale, mit Orgelmusik im Hintergrund und einem gregorianischen Chor – wenn wir etwas übertreiben wollen. Fast mit Erleichterung, ach, er war des menschlichen Abenteuers so müde. Und eines nicht so fernen Tages könnte er schließlich, wie ein normales Lebewesen, sterben. In den Augen des Hundes lag der Schlüssel zum Rätsel, in seinem flüssigen Gold.

Am selben Nachmittag ging der Mann zur Fluggesellschaft und buchte seinen Rückflug für den nächsten Morgen. Zufrieden erlaubte er sich nun selbst etwas Langeweile – ja, die ganze Klarheit, Personen, mit denen er nichts mehr zu reden hatte, niemals könnte er hier wieder leben, dachte der Mann am Höhepunkt der Undankbarkeit.

Als das Flugzeug abhob, warf er kurz einen letzten Blick auf die Küstenlinie der Stadt, die weißen Dünen, die Häuser, die sich in Spielzeug verwandelten.

Eine Szene, die er vor dem inneren Auge sehen würde, einige Wochen danach, als er den Tod schon verinnerlicht hatte – der Tod als Säure im Magen, der Tod als Übelkeit vor dem Essen, der Tod als bleierne Müdigkeit beim Aufwachen – und als von seinem Besuch nur noch ein zarter Geschmack einer wilden Frucht auf der Zunge übrigblieb und ein vager Eindruck einer verlorenen Hoffnung, so wie man sich fühlt, wenn man eine alte Liebeskarte erneut liest oder eine alte, vergessene Postkarte ansieht (die Stadt, ja, die Stadt), während alles weitergeht, der verstopfte Verkehr, Steinmauern, die Einsamkeit, Copacabana und eine Million unverwirklichter Träume.

übersetzt von Inga Hennecke

Angaben zu Autoren und Quellen

CARLOS DRUMMOND DE ANDRADE, 1902 in Itabira geboren, gestorben 1987 in Rio de Janeiro, war ein wichtiger brasilianischer Lyriker. – »Weites Herz« (»Coração Numeroso«), aus: *Alguma Poesia*, São Paulo: Companhia das Letras 1930. © Graña Drummond www.carlosdrummond.com.br

JOÃO ANTÔNIO, geboren 1937 in São Paulo, starb 1996 in Rio de Janeiro. – »Löwen der Nacht« (»Leão de Chácara«), aus: *Contos Reunidos*, São Paulo: Cosac Naify 2012. © The Estate of João Antônio. © Cosac Naify

SONIA COUTINHO, 1939 in Itabuna geboren, Journalistin und Übersetzerin in Rio de Janeiro. – »In den Augen des Hundes« (»Nos Olhos do Cão«), aus: *O Último Verão de Copacabana*, Rio de Janeiro: 7Letras 2007. © Sonia Coutinho 1985

CECÍLIA GIANNETTI, 1976 in Rio de Janeiro geboren, Journalistin bei *O Globo* und *Folha S. Paulo*. – »Die unterirdische Insel« (»Ilha do Governador. Ilha debaixo da Terra«), aus: *Prosas Cariocas. Uma Nova Cartografia do Rio de Janeiro*, hg. von Adriana Lisboa, Rio de Janeiro: Casa da Palavra 2004. © Cecília Giannetti

FERREIRA GULLAR, 1930 in São Luís, Maranhão, geboren, lebt nach mehreren Jahren im Exil wieder in Brasilien. – »Tanga«, aus: *Barulhos*, Rio de Janeiro: José Olympio 1965. © Ferreira Gullar

VINICIUS JATOBÁ, 1980 in Rio de Janeiro geboren, arbeitet dort auch als Literaturkritiker. – »Lúcia vor dem Regen« (»Madureira. Lúcia antes da Chuva«), aus: *Prosas Cariocas. Uma Nova Cartografia do Rio de Janeiro*, hg. von Adriana Lisboa, Rio de Janeiro: Casa da Palavra 2004; der Text wurde für die deutsche Version überarbeitet. © Vinicius Jatobá

RODRIGO LACERDA, 1969 in Rio de Janeiro geboren, lebt heute in São Paulo. – »Blick auf Rio« ist ein Auszug aus: *Vista do Rio*, São Paulo: Cosac Naify 2004. © Rodrigo Lacerda 2004

CLARICE LISPECTOR, 1920 in der Ukraine geboren, 1977 in Rio de Janeiro gestorben, wurde für ihr Werk vielfach ausgezeichnet. – »Die Suche nach einer Würde« (»À Procura de uma Dignidade«), aus: *Wo warst du in der Nacht?*, Frankfurt a.M.: Suhrkamp 1974. © Heredeiros de Clarice Lispector 2012

ADRIANA LUNARDI, 1964 in Xaxin (Santa Catarina) geboren, lebt heute in Rio de Janeiro. – »Clarice«, aus: *Vésperas*, Rio de Janeiro: Editora Rocco 2002. © Adriana Lunardi 2002

ANÍBAL M. MACHADO, geboren 1894 in Sabará, gestorben 1964 in Rio de Janeiro, Kafka-Übersetzer und brasilianischer Fußballmeister. – »Die tote Standartenträgerin« (»A Morte da Porta-Estandarte«), aus: *A Morte da Porta-Estandarte e Outras Histórias*, Rio de Janeiro: José Olympio 1965. © José Olympio 1965

JOÃO GILBERTO NOLL, 1946 in Porto Alegre geboren, lebt dort noch heute. – »Die Jungfrau« (»A Virgem dos Espinhos«), aus: *Zitronengras*, hg. von Kay-Michael Schreiner, Köln: Kiepenheuer & Witsch 1982. © für die Übersetzung: Karin von Schweder-Schreiner. © João Gilberto Noll 1980

NÉLIDA PIÑON, 1937 in Rio de Janeiro geboren, 1996 erste weibliche Präsidentin der *Academia Brasileira de Letras*. – »Tarzan und Beijinho« (»Tarzan e Beijinho«), aus: *O Calor das Coisas*, Rio de Janeiro: Nova Fronteira 1980. © Nélida Piñon 1980

LUIZ RUFFATO, 1961 in Minas Gerais geboren. Sein Debütroman *Es waren viele Pferde* erschien 2012 auf Deutsch. – »Glück hatte Sandra« (»Sorte Teve a Sandra«), aus: *Inferno Provisório, Volume V – Domingos sem Deus*, Rio de Janeiro: Editora Record 2011. © Luiz Ruffato 2011

MIGUEL SANCHES NETO, 1965 in Bela Vista do Paraíso geboren, Journalist und Schriftsteller. – »Erlöser« (»Redentor«), aus: *Contos Cruéis. As Narrativas mais Violentas da*

Literatura Brasileira Contemporânea, São Paulo: Geração Editorial 2006. © Miguel Sanches Neto

SÉRGIO SANT'ANNA, 1941 in Rio de Janeiro geboren, wurde für sein Werk vielfach ausgezeichnet. – »Die Statistin« (»A Figurante«), aus: *50 Contos e 3 Novelas*, São Paulo: Companhia das Letras 2007. © Sérgio Sant'Anna

CAETANO VELOSO, 1942 in Santo Amaro geboren, einer der bedeutendsten brasilianischen Sänger und Komponisten. – »Der Fremde« (»O Estrangeiro«), produziert von Peter Sherer und Arto Lindsay, Philips 1989. © Caetano Veloso

Zu den Herausgebern

MARCO THOMAS BOSSHARD, geboren 1976 in Zürich, und MARCOS MACHADO NUNES, geboren 1972 in Porto Alegre, unterrichten brasilianische und hispanoamerikanische Literatur und Kultur an der Ruhr-Universität Bochum.

Brasilien bei Wagenbach

PAULO SCOTT UNWIRKLICHE BEWOHNER

Paulo Scott erzählt die Geschichte einer unmöglichen Liebe zwischen den Kulturen, die dennoch bleibende Spuren hinterlässt – und er beschwört das Erbe der indianischen Ahnen, der unwirklichen Bewohner Brasiliens.

Aus dem brasilianischen Portugiesisch von Marianne Gareis
Quart*buch*. Gebunden mit Schutzumschlag. 256 Seiten

DAWID DANILO BARTELT COPACABANA
Biographie eines Sehnsuchtsortes

Copacabana ist nicht nur eine Verheißung von blauem Meer und weißem Sand, sondern auch der Inbegriff brasilianischer Lebensart, von demokratisch gelebter Strand- und Körperkultur über die Grenzen von Klassen und Hautfarben hinweg. Die Geschichte des berühmtesten Strandes der Welt: Sehnsuchtsort für Millionen und Paradies für wenige.

WAT 709. 224 Seiten mit vielen Abbildungen

POPCORN UNTERM ZUCKERHUT
Junge brasilianische Literatur

Am berühmtesten Strand Brasiliens, der Copacabana, wimmelt es nur so von Popcornverkäufern – und gleich mehrere der jungen brasilianischen Autoren der hier versammelten Erzählungen wählen den weltberühmten Stadtteil Rio de Janeiros auch als Schauplatz ihrer Geschichten.

Herausgegeben von Timo Berger

WAT 707. 144 Seiten

Wenn Sie mehr über den Verlag oder seine Bücher wissen möchten, schreiben Sie uns eine Postkarte (mit Anschrift und ggf. E-Mail). Wir verschicken immer im Herbst die *Zwiebel*, unseren Westentaschenalmanach mit Gesamtverzeichnis, Lesetexten aus den neuen Büchern und Photos. *Kostenlos!*

Verlag Klaus Wagenbach Emser Straße 40/41 10719 Berlin
www.wagenbach.de

Rio de Janeiro. Eine literarische Einladung erschien im Herbst 2013 als 196. *SVLTO*.

Wir bedanken uns bei den Autoren und Verlagen für die freundliche Genehmigung zum Abdruck (siehe Autoren- und Quellenverzeichnis).

Dieses Werk wurde mit Unterstützung des Brasilianischen Kulturministeriums/Stiftung Nationalbibliothek veröffentlicht.
Obra publicada com o apoio do Ministério da Cultura do Brasil/Fundação Biblioteca Nacional.

MINISTÉRIO DA CULTURA
Fundação BIBLIOTECA NACIONAL

© 2013 Verlag Klaus Wagenbach, Emser Straße 40/41, 10719 Berlin

Umschlaggestaltung Julie August unter Verwendung einer Fotografie © Stefan Thalhammer. Gesetzt aus der Constantia. Vorsatzpapier von peyer graphic gmbh, Leonberg. Leinen von Ernstmeier, Herford. Gedruckt auf chlor- und säurefreiem Papier und gebunden bei Kösel, Krugzell.
Alle Rechte vorbehalten. Printed in Germany.

ISBN 978 3 8031 1295 8

9783803112958